高校心理育人体系构建研究

韩庆云　著

延边大学出版社

图书在版编目（CIP）数据

高校心理育人体系构建研究 / 韩庆云著. -- 延吉：
延边大学出版社, 2023.8
　　ISBN 978-7-230-05408-9

　　Ⅰ．①高… Ⅱ．①韩… Ⅲ．①高等学校－心理健康－
健康教育－研究－中国 Ⅳ．①G444

　　中国国家版本馆CIP数据核字(2023)第166843号

高校心理育人体系构建研究

著　　者：韩庆云
责任编辑：朱云霞
封面设计：文合文化
出版发行：延边大学出版社
社　　址：吉林省延吉市公园路977号　　　邮　　编：133002
网　　址：http://www.ydcbs.com　　　E-mail：ydcbs@ydcbs.com
电　　话：0433-2732435　　　传　　真：0433-2732434
印　　刷：廊坊市广阳区九洲印刷厂
开　　本：787×1092　1/16
印　　张：11
字　　数：220 千字
版　　次：2023 年 8 月 第 1 版
印　　次：2023 年 8 月 第 1 次印刷
书　　号：ISBN 978-7-230-05408-9

定价：78.00元

前　言

　　培养什么人、怎样培养人、为谁培养人，这是教育的根本问题。大学对青年成长成才发挥着重要作用。高校只有抓住"培养社会主义建设者和接班人"这个根本才能办好，才能办出中国特色世界一流大学。这一论断既明确了我国教育的根本任务，又指明了中国特色社会主义大学的办学方向。培养社会主义建设者和接班人，关系到"两个一百年"奋斗目标的实现，关系到中国特色社会主义事业的兴衰成败，关系到党的千秋伟业。只

　　本书共七章：第一章概述了心理育人的基本知识，包括心理育人的含义、目标、原则、特征等；第二章对高校心理育人的理论基础和要求进行了论述；第三章阐述了高校心理育人的价值；第四章论述了高校心理育人模式；第五章对高校心理育人工作内容体系的构建进行了探讨；第六章讨论了积极心理学视角下的高校心理育人途径；第七章对心理健康与高校心理育人质量提升进行了分析。

　　由于笔者水平有限，书中难免存在疏漏之处，恳请广大读者批评、指正。

韩庆云

2023 年 5 月

目　　录

第一章　心理育人概述

心理育人是新形势下提升思想政治教育质量的重要内容,也是新时代高校心理健康教育的新任务、新使命。新时代大学生的需求已发生根本性变化,高校思想政治教育只有加强对学生思想、心理、行为的精准研判,才能有效地提高思想政治教育的实施效果。可以说,新时代心理育人契合解决高校思想政治教育矛盾的诉求,有利于落实高校立德树人根本任务,为高校"培养什么人"和"如何培养人"提供重要的视角;符合国家战略层面心理建设需要,有利于培育学生自尊自信、理性平和、积极向上的健康心态;有利于促进学生人格健全和心理素质发展,为其投身中国梦实践奠定良好心理基础。心理育人既是新时代高校人才培养体系的重要组成部分,也是提升高校思想政治工作质量的重要内容和措施。深入理解心理育人的含义、目标、特征等,是做好新时代高校心理育人工作的前提和基础。

第一节　心理育人与思想政治教育

从心理教育到心理健康教育再到心理育人,提法不同表明对大学生心理的关注层面也不一样,由最初的关注疾病,发展到心理健康再到以"心"育人,这一过程梳理可以让我们更好地理解心理育人,在实际工作中也能更好地践行国家对高校心理育人的要求。

一、心理育人的含义

新时代心理育人是高校提升思想政治工作质量的重要环节。在高校思想政治工作中实施心理育人，就必须搞清楚何为心理育人，也就是心理育人的含义究竟是什么。

马建青认为，心理育人是指通过心理的方式来实现育人，具体地说，是教育者从教育对象的身心实际出发，遵循人的心理成长规律和教育规律，通过多种方式实施心理健康教育，有目的、有计划地对教育对象进行积极心理引导，从而解决其心理困惑，开发其心理潜能，提升其心理品质，促进其人格健全，以实现培育有理想、有能力、有担当的时代新人这一目的的教育活动。贾林祥认为：从广义上讲，凡通过运用心理学相关素材、仪器设备，以及心理辅导、心理咨询等相关活动达到育人目的的活动，均可称为心理育人；从狭义上讲，心理育人是指育人者立足于人身心发展的实际，根据人身心发展的规律和特点，采用灵活多样的方式，有目的、有计划地对受育者进行积极的心理引导，开发其潜能、完善其人格、提升其效能感、养成其积极心理品质，以达到培养新时代所要的有理想、有能力、有担当的社会主义建设者和接班人之目的的教育实践活动。

心理育人是一种全过程进行、全员参与、全方位展开的育人活动。心理育人中的育人者既包括高校全体教职员工，又包括学生家长、亲朋好友、社会教育力量及受育者本人，且受育者本人是更为重要的育人力量。心理育人，换言之即育人心理。

心理育人与心理教育、心理素质教育、心理健康教育等概念相关。这些概念的相同之处是都涉及心理的教育，不同之处在于后面几个概念只是说心理教育，而心理育人是通过心理健康教育来实现育人的目的。

心理健康教育涉及认知、情绪、意志、行为、人际关系和人格发展等方面的内容，要求教育者根据相关的要求规范，传授学生心理卫生知识、技能，帮助学生养成健全的人格和良好的品质，以此保障学生行为正常，符合道德规范的要求。心理健康教育在重视学生个性发展的同时，也要保障学生符合社会公民的规范要求，促进学生心理素质的提升，为学生健康发展打下基础。心理健康教育专注于"育心"，主要由从事心理健康教育的教师承担相应的工作，且在校园内完成工作。

在"心理育人"这一概念中，"心理"与"育人"之间包含了多方面的含义和多层关系，"心理"既可以指"育人"的手段，也可以指"育人"目的。同时，育人是根本，是出发点，也是归宿。"心理"与"育人"两者之间存在内在逻辑关系，通过"心理"

教育实现"育人"目标，通过"育人"实践促进"心理"发展，两者密切相关，在学生的思想政治教育实践中达到高度统一，并在更深的层面真正实现学生的心理与人格健康的发展。在新时代"三全育人"的大背景下，可以用"全员、全过程、全方位"的理念来指导高校心理育人工作，将育人的主体、育人的时空边界、育人的方法路径三者有机结合起来，组织高校所有部门、所有教职工参与心理育人工作，在大学生的每一个成长阶段融入心理育人理念，在整体教育教学过程中，全方位地渗透心理育人。心理育人强调人文关怀和心理疏导，根据大学生的身心发展特点和心理发展需要，以育心和育德相结合的方式，有针对性地传授心理健康知识、心理调节方法，着力培育理性平和、积极向上的健康心态，促进学生心理健康素质与思想道德素质、科学文化素质协调发展。"心理育人"这一提法，凸显了心理育人的价值取向，实现了心理健康教育从"育心"到"育人"的转化。

二、心理育人与思想政治教育的共同点

（一）教育目标的一致性

心理育人的目的是使学生形成健全的人格，保持良好心境，悦纳自我，保持良好的社会适应能力，促进其全面发展和自我实现。高校思想政治教育则通过一系列的讲座、道德模范宣讲会、社会实践活动等引导、感化学生，以影响学生的思想和行为，使其树立积极的世界观、人生观、价值观等，达到培养社会主义和谐社会建设者的目的。心理育人与思想政治教育都是育人工程，虽然处理问题的方式方法不同，但都是为了培养综合素质强、具有健全人格的人才。

（二）教育对象的一致性

心理育人通过研究人的心理发展变化，开展促进人的心理健康的教育活动，帮助人们树立心理健康意识，提高自我心理保健能力，并学会在必要的时候寻求心理帮助。思想政治教育是深入推进素质教育、全面提升学生培养质量、推动高等教育改革发展的需要，是培养德智体美劳全面发展的中国特色社会主义事业合格建设者和可靠接班人的需要。心理育人和思想政治教育都需要人际沟通来实现，教育对象都是每一个具体的人，

所以既要教育人、引导人，也离不开关心人、帮助人，要在潜移默化中达到教育效果。

三、心理育人与思想政治教育的不同点

（一）内容体系不同

高校心理育人就是依据学生的生理、心理发展特点和规律，运用心理学相关学科理论知识及教育方法、手段，促进学生身心发展，减少心理冲突，形成健全人格，提高社会适应能力，注重学生在心理育人中的主体性，内容体系上侧重于解决心理层面的交往障碍、认知偏差、情绪障碍等。思想政治教育属于社会意识形态的范畴，注重人对社会的责任。思想政治教育的内容体系一般侧重于学生的思想层面，主要有：以世界观、人生观、价值观为内容的思想教育，以理想信念教育为核心的政治教育，以为人民服务为核心的社会主义道德教育及法纪教育等方面。

（二）教育方法的侧重点不同

心理育人主要采用会谈、精神分析、行为矫正、心理测验等方法，注重宣泄与疏导。思想政治教育重视自上而下的教导，其目标主要通过外界力量的引导来实现，方法主要有讲课、讨论、检查评比、参观访问、榜样示范等，强调摆事实、讲道理，注重以理说服与言传身教。

（三）价值目标不同

心理育人突出强调个体自我价值的实现和满足，重在保持心理的平衡，引导高校学生养成和谐心理、注重潜能开发、发展健全人格，在平等、民主、尊重的基础上，建立和谐融洽的人际关系。思想政治教育是为一定社会发展阶段的社会、经济、政治、文化等的发展服务的，具有鲜明的价值导向性，重在德育建设，突出强调个体社会价值的实现。

四、心理育人与思想政治教育的关系

（一）心理育人为思想政治教育提供必要的心理基础

心理育人能够帮助大学生树立正确的人生观、价值观和世界观，帮助大学生正确认识自己、认识世界，进而提高自身适应能力与眼界格局，为思想政治教育提供必要的心理基础。

（二）心理育人促进思想政治教育的开展

调研发现，只是运用思想政治教育方法解决学生的学习问题成效不明显，若对大学生辅以心理育人的方法，则可以有效帮助大学生进行心理调节，重拾对学习的热情与信心。因此，在对大学生开展思想政治教育的同时辅以心理育人的方法，能够引导大学生建立积极而又乐观的心态，进一步理解何为真正的自尊、自强、自爱，从而树立正确的人生观、世界观、价值观。

（三）心理育人与思想政治教育源头相近、相互补充

思想政治教育是一个从外到内、由表及里的过程，通过向受教育者传递正确的思想，从而帮助受教育者建立正确的价值观念。而心理育人则以人类的情感为纽带，通过向受教育者讲解问题的根源与应对方法使其心理上得到疏导，从而达到解决已存在的心理问题的目的。但从源头进行分析，两者存在相近之处且相互补充。思想政治教育和心理育人都是对受教育者精神层面进行教育，帮助受教育者走出精神误区，保持乐观心态，从而更好地进行学习与生活。

此外，良好的思想政治教育能够为心理育人提供有力的支点与安全保护伞，使大学生能在理想与现实间平衡发展，在干扰和诱惑下保持人格独立和健康。

第二节　心理育人的目标和原则

国家和社会希望通过心理育人工作的开展，不断提高学生的心理健康意识和心理健康素质，培育学生自尊自信、理性平和、积极向上的健康心态，健全学生的人格，开发学生心理潜能，促进学生心理健康素质、思想道德素质以及科学文化素质和身体素质的协调发展。只有坚持科学有效的育人原则，才能顺利实现目标。

一、心理育人的目标

高校心理育人的总体目标是：教育教学、实践活动、咨询服务、预防干预"四位一体"的心理育人工作格局基本形成；心理育人的覆盖面、受益面不断扩大，学生心理健康意识明显增强，心理健康素质普遍提升；常见精神障碍和心理行为问题预防、识别、干预能力和水平不断提高；学生心理健康问题关注及时、措施得当、效果明显，心理疾病发生率明显下降。为实现这一总体目标，在实践工作中高校需要把总体目标分解成以下几个具体目标：

①高校内部上下联动、同频共振、齐抓共管，形成全员、全过程、全方位心理育人的工作理念和体制机制。

②构建教育教学、实践活动、咨询服务、预防干预、平台保障等多元、立体的心理育人工作格局。

③充分发挥校内各群体各岗位的育人职能，建立学校、院系、班级、宿舍、个人"五级"预警防控体系。

④建立一支以专职教师为骨干，专兼结合、相对稳定、素质较高的心理育人工作队伍，不断提升心理育人工作的专业化水平。

⑤从治疗模式向育人模式转移，从个体向群体转移，注重前期心理健康的宣传、教育和预防工作。

二、心理育人的原则

心理育人工作需要坚持科学性与实效性相结合、普遍性与特殊性相结合、主导性与主体性相结合、发展性与预防性相结合的原则，在此基础上，具体开展工作过程中需要坚持以下原则：

（一）坚持面向全体，突出因材施教导向

高校心理育人工作应坚持面向学校的全体学生，而不能只面向个别学生，要着眼于所有学生的心理需求、问题和健康。由于年龄、年级、家庭背景、成长经历、个性品质等不同，每个学生所遇到的问题也不一样，从而会呈现出不一样的心理特点和问题。因此，需要针对他们的不同特点，分层分类、因材施教，采取不同的教育教学方式和手段，从而达到心理育人成效最大化。

（二）坚持着眼发展，强调预防为先导向

心理育人包括预防矫治的初级功能和发展性的高级功能，即预防矫治各种心理问题和充分发挥心理潜能以达到最佳的心理状态。一方面，高校心理育人要实现初级功能，防患于未然，最大限度地预防和减少严重的心理危机个案的发生；另一方面，高校心理育人要实现高级功能，也就是提高大学生的心理健康素质，开发其潜能，培养德智体美劳全面发展的社会主义建设者和接班人，这也是高校学生思想政治教育工作的着眼点和目标。

（三）坚持全员育人，注重学生主体导向

高校心理育人工作是一项系统工程，需要高校各级辅导员、班主任、心理教师和其他教职工的共同努力。然而，心理育人工作归根结底是一项助人自助的工作，需要尊重和发挥学生在其中的主体地位，充分调动他们自我心理发展的主动性和积极性，使其在自我学习、自我教育和互帮互助中获得发展。例如，学生自主开展的朋辈互动等活动。

（四）坚持遵循规律，强化协同发展导向

高校心理育人工作是一门科学，有其自身的独特性，要遵循学生身心发展的规律。同时，高校心理育人工作也要与其他教育教学工作紧密联系、互相渗透、协同发展、增强合力，以求取得协调、同步和互补的功效。例如，与新生入学教育、军训工作及教学工作等相结合。

第三节　心理育人的特征

高校科学开展心理育人工作有助于促进师生心理素质与道德素质的协调发展，有助于树立"三全育人"的教育生态观，有助于提升大学生正确认识自我、发展自我等能力。与心理健康教育相比，在新时代，心理育人具有全面性、互动性和科学性这三个明显的特征。

一、全面性

（一）基于积极心理学的面向全体学生的教育

积极心理学认为，人人都有积极的心理潜能，都有自我向上的成长能力。因此，基于积极心理学的心理育人将重点放在培养学生内在积极心理品质和开发心理潜能上，如积极的思维品质、积极的情绪情感体验、积极习惯的养成、积极人格的塑造、积极认知方式的形成、积极意志品质的磨炼、积极心态的培育、积极组织与积极关系的建立等，具体来说，包括培养真诚、忠诚、正直、仗义、诚信、自信以及情绪控制能力、情绪调节能力、认识自己的能力、客观地评价自己的能力、有效地管理自己的能力、心理承受能力、环境适应能力、人际交往能力、人际吸引力等，以及各种智力潜能和非智力潜能的开发。

传统心理健康教育的对象主要在少数学生身上。基于积极心理学的心理育人的对象

包括全体学生和全体育人者。家长的健康心理是学生健康成长的重要保证,一位心理有问题的家长是很难培养出健康、优秀的学生的。同理,一个心理不健康的教师自然会带给学生很多负面的影响,甚至会改变学生的习惯和性格,对学生造成长远的影响。在基于积极心理学的心理育人中,个体既是教育的主体又是接受教育的对象。基于积极心理学的心理育人不是"你说我听"的教育,而是相互交流、讨论和体验、行动的教育。基于积极心理学的心理育人注重部门之间的协调、人员之间的配合、学科之间的融合和渗透、环境氛围的营造、政策和制度设计的宏观考虑,以专任教师为依托开展立体的、多层次的教育,在具体方法的选择和运用上,更加强调情景性、参与性、互动性和体验性,如自我体验活动、心理情景剧、心理电影赏析和素质拓展训练等都深受学生喜爱,是富有成效的途径。

(二)基于生涯教育的大学阶段的心理教育

个体的心理健康状况随着环境和发展主题的变化而不断发生变化,处在一种动态的平衡当中。在学校范围内,本科生和研究生的心理教育内容随着学习阶段和学习、生活、工作任务的变化而呈现出不同的特点。心理育人是一种基于生涯教育的大学阶段的心理教育,要立足各层次、各学段主要心理矛盾,根据各阶段心理发展和教育任务确立与实际相符合的模块,开展系统、连续和有针对性的教育。针对大学生学业和年龄发展阶段的特殊性,以及大学生的发展问题,具体问题具体分析,有利于心理育人各阶段的衔接。例如:针对大一新生,开展以适应性为目标的心理育人工作;针对大二、大三学生,开展以成长发展为目标的心理育人工作;针对大四学生,开展以合理择业、就业为目标的心理育人工作。

总体来说,心理育人是为了使学生更好地成长和发展,不仅仅是解决学生的心理困扰,更重要的是开发学生的心理潜力,培养其积极的心理品质,使其在应对将来的生活、工作压力时更具韧性。心理育人是全体教职工包括学生本人参与的教育和自我教育的活动,具有深远意义。

二、互动性

人和人之间的有效交流，从心理育人的角度来说还应该是深入内心的交流，不仅仅是理性的知识传递，还应该包括情绪情感的互动体验，在理性的智慧和感性的温暖当中呈现自己的生命底色。心理育人的互动性表现在以下几方面：

（一）经验共享

知识性教学强调知识的准确传递，在传统学科的教学当中这是主要的教学方式。心理育人更加强调对知识的体验和感受，重视学生感受和思考的过程，从而找到提高心理品质的路径。也就是说，心理育人更加重视对学生个体生活世界的关照，通过学生的个体经验来构建其独特的心理世界，使学生以开放的心态接纳新的经验，在与他人的沟通中不断突破自己，得到提升。

知识传递是必要的，但它不是教育的全部，教育需要唤醒学生对周围世界的关注和关怀，显示出更多的社会性和协调性。学生需要思考周围的同学和老师、自己和同学以及老师之间的关系，思考如何在这诸多关系当中发展好自己，既保持自己的独立性又能够与大家和谐相处；需要面对人生不同发展阶段的不同问题，主动寻求解决问题的策略，并知道可以获取帮助的途径；既能享受孤独，又有战胜孤独的办法，知道如何在群体当中实现自己的价值，对未来的生活做好充分的思想准备。心理育人就是培养学生困难情境下的应对能力，使其通过自己良好的心理素质或者外在的支持资源战胜人生的困难，在交流中共享经验，朝着既定的目标迈进。

（二）学会合作

现代社会的发展越来越显示出合作的重要性，一些问题的解决越来越需要团队之间的协作，单靠个体的力量很难去完成。

心理育人以培养学生良好的心理素质为出发点，使之在认识自我、学会学习、学会生活当中形成协同性的学习模式，从而彰显个性、提升个体生命价值感。师生之间的对话，不是企图塑造对方，而是塑造相互的关系，并在这一关系中达成共识。教学不再是教师的"一言堂"，而是师生之间的互动，在合作当中完成对问题的解决和成长的领悟。学生和学生在小组内进行充分的交流、分享，在彼此的开放和包容当中坦诚地交流内心真实的想法，从他人的经历当中得到启迪。

三、科学性

心理育人具有科学性，高校应把心理育人作为一项科学严谨的事业来对待。这种科学性主要表现在心理咨询、心理测验等方面。心理咨询致力于追求科学性，心理测验讲求客观、公正。

（一）心理咨询的科学性

心理咨询是追求科学性的，是建立在心理学学科基础上的，有完整的、系统的理论作为依托。

心理咨询借鉴了很多学科的研究成果，比如社会学、教育学、人类学等，在咨询实践中逐渐形成了自己的理论和实践特色。

（二）心理测验的科学性

随着社会的发展，人们对心理测验的需求越来越多，心理测验作为一种科学的心理测量工具，被广泛应用于教育、医疗等领域。中国心理学会借鉴国外成熟的测验管理经验，并结合我国实际情况所制定的《心理测验管理条例》《心理测验工作者职业道德规范》等相关文件，为高校心理测验的健康发展保驾护航，推动了高校心理测验的专业化进程。

第四节　心理育人的保障和考评机制

要真正发挥心理育人的功能，需要在工作中做到全员参与心理育人，发挥高校各个部门、全体教职工的作用；全过程融入心理育人，既要重视大学生成长发展的各个阶段，又要全过程开展心理育人工作；全方位渗透育人，即在高校的整体教育过程中，各个系统、各个层面、各个平台都要发挥育人作用。在这个过程中，高校需要搭建心理育人工作保障机制和考评机制。

一、心理育人工作的保障机制

（一）加强心理育人工作平台建设

一是完善心理咨询服务平台，建设音乐放松减压室、身心反馈训练室、心理宣泄室等具有各种心理调节功能的心理咨询、辅导场所，配齐配强咨询服务人员，提高心理咨询服务质量。二是建立心理危机预防与干预平台，采取有效的措施更科学、规范地进行心理危机排查，落实对存在心理危机学生的预防、评估与干预工作，尽早发现、及时干预，有效预防严重心理疾病和心理危机事件的发生。

（二）实施精准帮扶，做到早发现早解决

一是通过开展心理普查，对学生基本心理情况进行总体把握。对于在测试中显示为心理健康状况不良的学生，咨询师应与其进行深入交谈，并对确实需要帮扶的学生给予有针对性的帮助。二是建立心理危机月排查制度，与心理普查结果结合，形成心理危机学生档案，针对不同学生的不同情况给予精准帮扶和引导，制定与之对应的应对方案，缓解学生的压力。

二、心理育人工作的考评机制

高校心理育人工作成效如何，学生最有发言权。过去很长一段时间，学生的角色只是育人工作的客体和对象，学生的主体地位被忽视，学校对学生的主动性、创造性尊重不够，有时工作方式方法欠妥，甚至导致学生出现逆反心理和对抗情绪。因此，高校要转变思路，不断扭转将学生视为"受众"的想法，将学生视为工作的"参与者"与"合作者"，充分发挥他们的能动性、自觉性、创造性，引导学生积极行使知情权、参与权、建议权和监督权，在政策制定、工作实施和效果评估的各个阶段，认真倾听学生的意见和建议，建立科学完备的考核与评价机制，有效推动育人工作顺利开展，增强心理育人

各方参与者的积极性与责任感，以获得更高的育人工作效率。心理育人考评机制应贯穿整个教育实施过程。

（一）完善心理育人工作的四维考评制度

完善心理育人工作的四维考评制度，即心理育人的定位和工作目标对人才培养的适应度、队伍和软硬件资源对心理育人质量的保障度、心理育人协同工作体系运行的有效度、学生和家长对学校心理育人的满意度。

（二）完善心理育人教育活动的评价方式

要完善心理育人教育活动的评价方式，就需要鼓励学生参与考评，通过自媒体平台投票等方式让学生进行评价，了解学生对各项工作的真实感受。此外，还可将调查结果作为改进工作的依据，同时作为绩效考评的指标。

（三）注重跟踪考评学生心理素质的提升情况

为了跟踪考评学生心理素质的提升情况，高校可以开展阶段性心理测试。例如在大三或者大四阶段再次开展心理测试，将其结果与新生入学阶段的心理普测结果进行对比分析，结合考评结果和学生评价情况对心理育人效果进行评价。

第二章 高校心理育人的
理论基础和要求

心理育人是高校育人的基本方式之一，是对大学生进行思想政治教育的重要途径。中华人民共和国成立以来，党和政府一直非常重视心理育人在高校教育中的重要价值。特别是党的十九大以来，为了深入学习贯彻习近平新时代中国特色社会主义思想和习近平总书记关于心理健康教育的重要论述，切实加强高校思想政治工作体系建设和新时代高校学生心理健康教育工作，中共教育部党组于2017年12月发布了《高校思想政治工作质量提升工程实施纲要》（教党〔2017〕62号），其中明确提出了大力促进心理育人的要求。厘清心理育人的指导思想、目标、内涵和基本要求是确保高校心理育人科学化和有效性的重要前提。

第一节 高校心理育人的理论基础

一、马克思关于人的全面发展的理论

马克思关于人的全面发展的论述，是树立心理育人工作理念的重要依据。

（一）马克思关于人的全面发展的理论概述

从苏格拉底将"认识你自己"作为自己哲学研究的宗旨开始，人的发展问题就成为哲学研究领域的重要课题。马克思在批判地继承前人思想的基础上，从历史唯物主义的高度提出了人的全面发展理论，这一科学理论从根本上揭示了人的发展本质，探讨了人

的发展规律，指明了人的全面发展的实现途径。

马克思对人的全面发展的论断是建立在人在历史发展进程中的地位及人与社会的相互作用的基础上的。

其一，人是感性的存在物。马克思指出："一个种的全部特征、种的类特性就在于生命活动的性质，而人的类特性恰恰就是自由的自觉的活动。"这种自由的自觉的活动是实践活动，是主体有目的、有意识地改造客体，同时也是改造自身的人类特有的活动。实践活动是人生存的基础，是人发展的动力，是人的自我表现形式。所以，人从根本上来说是实践的存在物。

其二，人的本质在其现实性上是一切社会关系的总和。人的本质并不是单个人所固有的抽象物，它是一切社会关系的总和。一个人的发展取决于和他直接或间接进行交往的其他一切人的发展；彼此发生关系的个人的世世代代是互相联系的。我们可以看到，发展不断进行着，但个人的历史决不能脱离他以前的或同时代的个人的历史，而是由这种历史决定的。只有在集体中，个人才能获得全面发展其才能的手段，也就是说，只有在集体中才可能有个人的自由。在真实的集体的条件下，个人与个人在联合中并通过这种联合而获得自由。因此，人的本质取决于社会关系。在全部社会关系中，经济关系是具有支配性地位的关系，决定其他社会关系。

其三，人是自然属性、社会属性、精神属性的统一体。自然属性指的是人的自然需要，即作为自然的、感性的人的需要。社会属性指的是人的群体性、交往性与归属性。精神属性指的是人的自我意识、思维、理性、意志等因素，具体表现为精神生活、精神需要。在活动过程中，人的自然属性、社会属性与精神属性是相互联系、相互作用的。与此相适应，形成了人的自然素质、社会素质与精神素质，也就是人的素质。人的独特的素质构成了人的独特性与人的主体性。

同时，马克思认为人的全面发展的内容是丰富的、多层次的。人通过不断满足自身的需要以及个性、能力、劳动和社会关系的全面发展过程中逐步实现人的自由而充分的全面发展。因此，马克思关于人的全面发展可以理解为个人在劳动、社会关系和个体素质诸方面的自由而充分的全面发展。

具体而言，马克思关于人的全面发展理论包括以下内容：

一是人的劳动活动、人的需要和人的能力的全面发展。人的劳动活动的内容和形式的丰富性和全面性，克服了贫乏性、片面性和固定化。人们在改造自然、改造社会、改造人本身上的活动是全面的、自如的。每个人都可以根据自身的禀赋、爱好以及特长来选择劳动活动。人的需要即人的本性，任何否定人的正常需要的行为都是违背人性的，而关于人的需要的发展正是人类对人的本质命题的最新证明。人的需要的全面性指的是人随着活动的全面发展而形成的从低到高的丰富体系，个人按照自己的自主活动来发展一切合理的需要。人的能力的全面发展意味着人的体力、智力、潜力和现实能力的全面发展。

二是人的社会关系的全面发展。人的社会关系是人的本质的存在体，人的全面发展离不开社会关系的充分丰富和全面占有。因而，人的社会关系的全面发展是人的全面发展的一个重要内容。人的社会关系的全面发展包括个人与他人的关系以及个人与社会随着生产力的发展形成的各个方面、各个领域、各个层次的相互关系，如经济关系、政治关系、文化关系、法律关系、伦理关系等。同时，人的社会交往也克服了血缘关系和地域关系的限制而变成了普遍性的交往，并从物质层面的交往发展到精神层面的交往。

三是人的素质的全面提高和个性的自由发展。人的素质的提高包括人的身体素质、心理素质、思想道德素质和科学文化素质的有机统一及均衡发展。人的自由发展意味着人的主体性和独特性的增强。每一个人都形成鲜明的个性、人格，保持着独特的存在，呈现出差异性和独特性。

（二）人的全面发展理论对当代大学生成长的价值引领

人类社会的发展，最终目的是实现人的自由和全面发展，教育是实现这种目的的一个基本途径。当今世界，经济全球化、国际政治多极化、信息网络化的特征使大学生的成长具有新的时代特征。当代大学生崇尚理性、追求新潮、尊重知识、乐于交往、心系国家，但大学生在表现出以上积极特点的同时也存在一些消极特质，主要是多样化思潮引发部分大学生出现迷失和信仰危机，多元利益需求导致部分大学生出现拜金主义的思想，安逸的生活环境造成部分大学生能力缺失。大学生是祖国宝贵的人才资源，当今世界各国综合国力的竞争归根到底是人才的竞争，如何在马克思关于人的全面发展理论下引领大学生健康成长成才具有非常重要的现实意义。因此，马克思关于人的全面发展的思想为我国高校心理育人工作提供重要指引。

二、习近平新时代中国特色社会主义思想

（一）习近平总书记对人的全面发展理论的新探索

人的全面发展，既是马克思主义的根本命题，也是中国共产党领导的革命、建设、改革的伟大实践。中国共产党的历代主要领导人都十分重视人的全面发展问题。在社会主义革命、建设初步探索时期，毛泽东侧重从政治和教育角度论述人的全面发展思想。在改革开放和现代化建设时期，邓小平侧重从提高人的素质角度谈论人的全面发展问题。江泽民从党的最高纲领和最低纲领的统一以及社会主义新社会的本质要求角度提出人的全面发展思想。胡锦涛提出"以人为本"的"科学发展观"和"构建社会主义和谐社会"等中国特色的时代命题。

党的二十大以来，中国共产党人不忘初心、牢记使命，带领人民开创了全面发展新局面，形成了习近平总书记关于人的全面发展的一系列重要论述。

中国共产党人的初心和使命，就是为中国人民谋幸福，为中华民族谋复兴。这个初心和使命是激励中国共产党人不断前进的根本动力。什么是人民的幸福？怎样才算实现民族的复兴？只有不断推动人的全面发展，人民获得感、幸福感、安全感更加充实，民族的复兴才有真正的依托和价值，从这个意义上讲，不断推进和实现新时代人的发展就是中国共产党的初心和使命。

一方面，人的全面发展体现社会主义的最高价值追求和根本优越性。中国特色社会主义是社会主义，不是别的什么主义。中国特色社会主义以马克思主义为指导思想，马克思就是着眼资本主义人的发展的片面性而提出人的全面发展命题，这也从根本上体现了社会主义的优越性。在社会主义现代化建设实践中，人的全面发展首先要处理好人的发展与社会发展之间、人与自然之间的关系，从而为人的全面发展创造更加有利的条件、提供更加广阔的空间。习近平新时代中国特色社会主义思想作为马克思主义中国化的最新成果，是对马克思主义的继承和发展，把人的全面发展作为其最高价值目标是理论逻辑和历史逻辑的必然结果。

另一方面，中国共产党人的初心和使命与人的全面发展的价值追求高度契合。中国共产党成立之初就把实现共产主义作为党的最高理想和最终目标，始终以马克思主义的人的全面发展观作指导，在实践中不断推进人的全面发展。当前，中华民族迎来了从站

起来、富起来到强起来的伟大飞跃，人的全面发展也迎来了光明前景。特别是"人民日益增长的美好生活需要和不平衡不充分的发展之间的矛盾"这一社会主要矛盾的新变化，让实现人的全面发展的宏伟目标更加迫切、鲜明地凸显了出来。着力解决好发展不平衡不充分的突出问题、实现人的全面发展就是习近平新时代中国特色社会主义思想的核心问题导向。

（二）习近平总书记关于人的全面发展的重要论述的主要内容

党的十九大报告指出："中国特色社会主义进入了新时代，这是我国发展新的历史方位。"党中央把人的全面发展推上了更高层次。

1.在牢牢把握中国发展的阶段性特征中促进人的全面发展

"人的需要的全面发展"是人的全面发展的一个重要表现。"不断满足自身需要"是人进行社会实践的根本动力。进入新时代，人民对美好生活的向往更加强烈。习近平总书记早在 2012 年第十八届中央政治局常委同中外记者见面时就指出："人民对美好生活的向往，就是我们的奋斗目标。""人民对美好生活的向往"实质上就是对当前人民需要的总体概括，也是当前促进人的全面发展的现实指向和奋斗目标。中共中央深刻认识到了人民需要的新变化，进而提出一系列新理念、新思想、新战略，出台一系列重大方针政策，推出一系列重大举措，推进一系列重大工作，为的就是更好地满足人民需要。

2.在着眼时代发展中促进人的全面发展

人的全面发展是一个历史过程。进入新时代，党深刻认识到当前发展中最突出的问题已经发生改变，并作出了"社会主要矛盾已经发生转化"的重大判断。如果说我国已经解决了改革开放以前的"不发展"的问题，那么现在的历史阶段已经到了要重点解决发展起来之后不断积累的矛盾问题的时候。习近平总书记在党的十九大报告中指出："我们要在继续推动发展的基础上，着力解决好发展不平衡不充分问题，大力提升发展质量和效益，更好满足人民在经济、政治、文化、社会、生态等方面日益增长的需要，更好推动人的全面发展、社会全面进步。"这就是新时代促进人的全面发展的阶段性任务，这也表明我们对社会的全面进步与人的全面发展之间的关系有更加深刻的理解，人的全面发展作为价值目标的地位更加凸显。

3.以新的思想和基本方略指导和推进人的全面发展

新时代呼唤新思想。习近平新时代中国特色社会主义思想和基本方略，是立足我国社会发展的阶段性特征提出的全局性、战略性的指导思想和行动纲领，实质上是从各个方面为促进人的全面发展提供了理论指导和行动纲领，为人的全面发展明确了中国特色社会主义的制度保障，明确了中国梦的道路指引，明确了发展的重点领域是保障和改善民生、最终目的是人的发展，明确了人民当家作主的政治基础，明确了以人民为中心的总方针和新的发展理念，明确了总体布局和战略布局的顶层设计，明确了深化改革和依法治国的制度、法治保障，明确了以强军目标为引领的军队建设的军事保障，明确了构建人类命运共同体的外交理念，明确了坚持党的领导和党的政治建设的政治保证，明确了社会主义核心价值观的精神文化保障，明确了坚持总体国家安全观和推进"一国两制"、祖国统一的根本安全和利益保障。

（三）习近平总书记关于高校思想政治教育工作的指导思想

在新的历史条件下，习近平总书记对高校思想政治工作进行了一系列新的阐述，提出了高校思想政治工作的原则和要求。

1.高校思想政治工作的原则

（1）遵循"三个规律"

2016 年，习近平在全国高校思想政治工作会议上强调，做好高校思想政治工作，"要遵循思想政治工作规律，遵循教书育人规律，遵循学生成长规律，不断提高工作能力和水平"。这"三个规律"是做好高校思想政治工作的原则，也是思想政治教育学科建设的原则。

第一，遵循思想政治工作规律。加强思想政治教育学科建设要遵循思想政治工作规律，要理论联系实际，根据中国教育教学的现实情况，有针对性地开展工作，把握思想政治教育工作的时代性，增强渗透性和引导性，使思想政治工作永远保持活力和朝气。

第二，遵循教书育人规律。教书育人规律是思想政治教育学科建设的立足点。习近平总书记把教书育人提到遵循规律的高度，这是习近平总书记在教育理论上的创新。所谓"教书育人"，指的是传授学生科学文化知识和社会主义道德。教书是传授知识和技能，教学生学会做事；育人则是教会学生如何做人，培养他们正确的世界观、人生观、价值观。思想政治教育的学科建设要加强思想政治教育队伍建设，"教书育人"规律在很好地把握实践需求和特点的前提下，对思想政治教育人才作出了明确阐述。遵循"教书育人"规律是培养出对国家有用的人才的关键。一旦违背了这个规律，培养出来的学生就只是一个拥有专业知识而没有思想政治素质的人，这样的教育没有任何意义，是一种失败的教育。

第三，遵循学生成长规律。思想政治教育学科建设要以学生成长规律为立足点。针对大学生的成长，应当根据高校培养目标的要求，综合实施各种教育教学，具体包括：德育，即大学生思想政治教育；智育，即科学文化知识教学；体育，即身体锻炼；美育，即审美观的培养；等等。学生成长规律，主要体现在三个方面：一是全面发展成长。人的成长过程和社会的发展过程一样，要坚持全面发展的客观规律，促进学生的全面发展。二是自主学习成长。大学生的成长对社会主义建设尤为关键，推进成长过程只能依靠大学生本人，别人是不能代替的。三是理论联系实际。一味纸上谈兵不会有实质的突破和进步，只有不断地实践，才能在实践中提高自己并获得真正的成功。2014 年，习近平在北京大学师生座谈会上指出："扎扎实实干事，踏踏实实做人。道不可坐论，德不能空谈。……只要坚韧不拔、百折不挠，成功就一定在前方等你。"习近平总书记的讲话强调了学生成长的重要性，思想政治教育学科建设要遵循学生成长的规律。

（2）坚持"四个不懈"

2016 年，习近平在全国高校思想政治工作会议上强调："办好我们的高校，必须坚持以马克思主义为指导，全面贯彻党的教育方针。要坚持不懈传播马克思主义科学理论，抓好马克思主义理论教育，为学生一生成长奠定科学的思想基础。要坚持不懈培育和弘扬社会主义核心价值观，引导广大师生做社会主义核心价值观的坚定信仰者、积极传播者、模范践行者。要坚持不懈促进高校和谐稳定，培育理性平和的健康心态，加强人文关怀和心理疏导，把高校建设成为安定团结的模范之地。要坚持不懈培育优良校风和学风，使高校发展做到治理有方、管理到位、风清气正。"这是我们高等教育的办学方向，是教育工作的要求，也是思想政治教育工作的原则。把握教育方向不动摇，是建设中国特色社会主义高校的关键和命脉。

2.高校思想政治工作的要求

（1）贯彻"三因"理念

2016 年，习近平在全国高校思想政治工作会议上指出："做好高校思想政治工作，要因事而化、因时而进、因势而新。"这是高校思想政治工作的要求。

第一，因事而化，就是思想政治教育学科建设要基于中国特色社会主义建设的国情，要基于这个事实而创新工作方法。中国是一个具有五千年辉煌历史的文明古国，它的文明从未中断，有着极强的感召力，这就决定了我们必须走适合中国国情的思想政治教育学科建设之路，增强学生对中华文明的自我认同，使学生感受到中华文明的源远流长和博大精深，使学生自觉成为中华传统文化的积极传播者、中华传统美德的主动践履者。将中国特色社会主义的伟大实践融入马克思主义的理论之中，赋予其理论内涵，实现马克思主义的中国化，坚定"四个自信"（中国特色社会主义道路自信、理论自信、制度自信、文化自信），才能够更好地加强思想政治教育学科建设。

第二，因时而进，就是思想政治教育学科建设要做到与时俱进，根据时代进步而不断创新工作内容。和平、发展是当今时代的主流，虽然战争偶有发生，但是合作、共赢、协调发展依然是世界进步的特征。近年来，随着中国经济的迅速增长和国际地位的提高，社会主义制度的优越性愈发突出。但是我们仍然需要保持一颗清醒的头脑，改革的过程是艰辛的、漫长的，所面临的风险挑战前所未有，这就需要我们脚踏实地，在与时俱进中加强思想政治教育学科建设。

第三，因势而新，就是要求思想政治教育要紧随当今社会发展的趋势，不断创新工作机制。当今社会是一个信息化的社会，互联网和科学技术的发展日新月异，这对思想政治教育工作提出了新的要求。思想和理论是在不断发展着的，我们要以发展的眼光看问题，要紧跟时代的发展变化，要以新的思维看待新问题，不能一成不变。在新形势下，思想政治教育工作要守住意识形态主阵地，占领信息传播制高点，要充分利用新的科学技术，做到创新媒体传播方式，使学生在潜移默化中成长为实现中华民族伟大复兴中国梦的中流砥柱，要教育引导学生正确认识世界和中国发展大势，培养学生客观认识世界和当代中国发展的视野，认识和把握历史必然性，正确处理脚踏实地和远大抱负的关系，自觉形成将个人理想和国家民族事业相融合的历史使命感。

（2）落实"四为"服务

2016年，习近平在全国高校思想政治工作会议上提出了"四为"服务，即我国高等教育发展方向"要同我国发展的现实目标和未来方向紧密联系在一起，为人民服务，为中国共产党治国理政服务，为巩固和发展中国特色社会主义制度服务，为改革开放和社会主义现代化建设服务"。这是对党的教育理论、方针的重要创新。习近平总书记首次提出的关于我国高等教育事业发展的"四为"服务，科学回答了我国高等教育"为谁培养人"的问题。思想政治教育工作要努力落实好"四为"服务的要求。

第一，为人民服务。思想政治教育要坚持以人为本，坚持以学生为本、为人民服务。中国共产党的宗旨就是"全心全意为人民服务"，所以任何时候思想政治教育都有其特定目标和重要内容，但是最基本的不会发生改变，那就是为人民服务。教育为谁服务是一个根本性的问题，这个问题不解决，其他一切问题都不可能解决好。坚持以人民为中心、以学生为中心，办人民满意的教育是高校思想政治教育的本质要求。所培养的人才必须在政治思想和价值导向上始终坚持"为人民服务"的根本要求，为人民办教育、为人民培养人才，依靠人民办教育、依靠人民发展教育。

第二，为中国共产党治国理政服务。中国共产党代表着中国最广大人民的根本利益，是中国特色社会主义事业的领导核心。党的利益和人民的利益从根本上来说是一致的，实现人民利益的过程同党治国理政的过程也是内在统一的。在当代中国，中国共产党治国理政的过程实际上也就是不断发展和实现人民根本利益的过程。同样，发展和实现人民根本利益也必须通过中国共产党治国理政来不断推进、逐步实现。从这个意义上说，思想政治教育工作要坚持为人民服务就必须同时坚持为中国共产党治国理政服务，为中国共产党治国理政提供坚实的文化基础和人才支撑。

第三，为巩固和发展中国特色社会主义制度服务。中国特色社会主义制度造就和发展了当代中国教育，正因为中国特色社会主义事业的快速发展，才使我国教育事业发生了翻天覆地的变化。为了保证中国特色社会主义事业更好更快地发展，思想政治教育工作应当更坚定地坚持中国特色社会主义前进方向，必须毫不动摇地为巩固和发展中国特色社会主义制度服务，应该引导学生正确认识到社会主义进程中的艰辛和困难，使他们不仅能发现问题，更重要的是能找到解决问题的方法，培养他们在面对困难时的勇气。

第四，为改革开放和社会主义现代化建设服务。随着改革开放进程的不断推进，加强和巩固社会主义现代化建设是当代中国的主旋律。我们正在推进的中国特色社会主义伟大事业，从很大程度上来说就是通过改革开放和社会主义现代化建设来实现的。我们要始终坚持为改革开放和社会主义现代化建设服务这个大方向、大战略、大方针，教育培养的人才必须是能为改革开放和社会主义现代化建设服务的德才兼备、全面发展的合格人才。思想政治教育要为改革开放和社会主义现代化建设服务，要培养出一批思想政治素质过硬、科学文化素质较高的合格的社会主义建设者和接班人。

习近平新时代中国特色社会主义思想包含了丰富的心理育人方面的论述，为新时代心理育人工作提供了有力的理论支撑。

第二节　高校心理育人的要求

在心理育人工作体系中，教育者既包括高校专兼职心理健康教育教师，也包括全体师生员工，还可以扩大到学生家长和社会各界，教育对象包括全校师生。在普通高校，心理育人是通过心理健康教育来实现育人的目的的，育人的核心是要培育全面发展的人。心理育人为新时代高校心理健康教育确立了一个目标，给出了一个明确的价值定位，为培育时代新人作出了贡献。

一、心理育人必须具有教育性

大学阶段是世界观、人生观、价值观形成的关键时期。对于在校大学生来说，他们在成长过程中遇到的困难和矛盾，产生的困扰和冲突，会形成这样或那样的心理问题。而这些心理问题又往往同他们的世界观、人生观、价值观的形成交织在一起。心理问题是世界观、人生观、价值观问题在心理方面的反映，心理问题的解决从根本上要以树立正确的世界观、人生观、价值观为前提。因此，心理育人工作必须具有教育性。教育主管部门高度重视并出台一系列指导文件，把加强和改进大学生心理健康教育视为推进素质教育的重要举措，把大学生心理健康教育列入各高校的人才培养方案。教育部还专门出台文件规范大学生心理健康教育工作的内容，赋予大学生心理健康教育以一定的德育职责和功能。2002 年，教育部办公厅颁布的《普通高等学校大学生心理健康教育工作实施纲要（试行）》中指出："大学生心理健康教育工作是高等学校德育工作的重要组成部分。"大学生心理健康教育是高校德育工作的重要抓手，不同于一般的德育课程。大学生心理健康教育课程也不同于普通心理学课程。大学生心理健康教育课程主要着眼于培养学生完善的人格和自我调适能力，保证学生心理健康。普通心理学是心理学分支中最基础的一般性学科，侧重基本理论研究，关注心理知识的全面性和系统的教育。二者在理论支撑和实践等方面都有一定的差异性，不能相互替换，一旦替换就会出现缺乏指导性、实用性不强等问题。

二、心理育人必须具有科学性

人的心理现象既是主观的，又存在客观因素；其发生和发展既是偶然的，也遵循一定的规律；同时，不同个体的心理现象既有差异性，又有普遍性和共同性。

心理健康教育是一种针对人的教育活动，或者说是一种针对人的心理现象而进行的启发、诱导、训练和教育的实践活动。人的心理现象既是心理健康教育的直接对象，也是心理健康教育需要研究的重要内容。心理现象最大的特点是具有主观性、多变性，但是，就个别心理现象所组成的整个心理世界而言，又具有某种客观性，即只要人及人类社会存在，心理现象世界相对于宇宙世界而言就是始终存在的。只是到目前为止，由于我们的科学技术手段和方法有限，还不能完全搞清楚心理现象世界的本质与变化发展的规律，所以从这样一个角度看，心理现象是主观的，但是在主观性的前提下，它又有某些客观性因素。所以，心理健康教育不能想当然和凭经验，必须遵循科学的方法。也就是说，心理育人工作必须具有科学性。

从个别心理现象上看，某个（种）具体心理现象的产生与发展变化，是受外界刺激的影响而发生发展的，因为外界刺激的产生具有偶然性，所以某个（种）具体心理现象的产生也就具有偶然性。但从总体上看，心理现象的产生及变化发展是必然的。因为有人存在，心理现象就无时无刻不在，应该说心理现象作为一种特殊类型的客观事物是存在的，所以尽管某个（种）心理现象的产生是由于某种外界刺激偶然引起的，但从心理现象的内在本质（大脑的机能、客观现实的反映、遗传与环境相互作用的结果）上讲却是必然的。

心理现象的必然性表现在心理与环境的关系、心理与躯体的关系、正常心理与异常心理的关系等方面。因此，心理育人工作的科学性要求探索心理现象的必然规律性，这样才能使心理健康教育具有较好的针对性与有效性。

在承认世界上没有两个心理现象完全相同的人的前提下，我们更要认识到，从总体上讲，从本质上看，心理现象存在着许多普遍性与共同性。许多异常心理现象的临床表现，如幻觉、妄想、强迫、恐惧、焦虑就是临床心理学家概括出来的异常心理现象的共同性。而人在高兴时眉飞色舞、手舞足蹈、笑口常开，就是普通心理学家概括出来的肯定性情绪的普遍性。心理育人工作就是要根据心理现象的共同性与普遍性，提出心理育人工作的原则及规律。

心理现象主观性中的客观性，偶然性中的必然性，差异性中的普遍性，使心理育人工作有自身的特点和规律、逻辑与原则。我们绝对不能因心理现象具有主观性、多变性，即心理现象既看不见又摸不着，而否定心理育人工作的科学性。相反，心理现象的客观性、必然性、普遍性与共同性，决定了心理育人工作的科学性，即必须坚持科学的方法论，而不能凭经验，甚至凭感觉。

三、心理育人必须具有发展性

心理育人的基本目标是促进大学生健康发展，因此心理育人工作必须具有发展性。心理育人要以大学生成长和自身发展为主，不能简单地以大学生掌握了多少知识作为课程教学效果评判的依据，不能仅仅满足于大学生学习了多少个心理学专业术语。发展性要求心理育人工作者在具体实践过程中应注意以下几个方面：一是心理育人工作的基本出发点是促进大学生的发展，这是心理育人工作任务的根本要求；二是心理育人工作具体任务和具体目标的确定、实施方法的选择应以大学生的身心发展水平为依据；三是心理育人工作的考核和评价，应以大学生的心理发展水平为主要依据；四是心理育人工作的动态监测，应包括大学生心理发展的指标，如情绪、人格和认知能力等。

四、心理育人必须具有实践性

进一步提升高校心理育人水平和质量，是培养能够担当民族复兴大任的时代新人的迫切需要。新时代、新思想、新目标和新征程都要求从事高校心理育人工作的同志从更高的高度、更新的角度、更深的深度、更大的力度来推进高校学生心理育人工作。高校心理育人最重要的就是提高政治站位，深刻领会中央精神，统一思想与行动，与中央精神要求保持一致。2018 年，教育部提出健全立德树人系统化落实机制，把落实《高校思想政治工作质量提升工程实施纲要》作为主要任务之一，对高校思想政治工作质量提升作出部署。该文件提出的基本任务就是要构建"十大"育人体系，其中包括课程育人、科研育人、实践育人、文化育人、网络育人、心理育人、管理育人、服务育人、资助育人、组织育人等，发挥育人功能，挖掘育人要素，完善育人机制，优化评价激励，强化实施保障。关于心理育人工作，该文件提出了构建"心理育人质量提升体系。坚持育心与育德相结合，加强人文关怀和心理疏导，深入构建教育教学、实践活动、咨询服务、预防干预、平台保障'五位一体'的心理健康教育工作格局，着力培育师生理性平和、积极向上的健康心态，促进师生心理健康素质与思想道德素质、科学文化素质协调发展。"

（一）教育教学

当前高校都有专门的心理健康教育机构，开设了心理健康测评、心理健康教育相关课程（包括必修课和选修课），以及心理健康知识讲座等，并开展了团体辅导、个别辅导、心理健康知识宣传、心理危机干预等活动。开展心理健康教育，除发挥课堂的主渠道作用外，还要充分利用互联网的优势，逐步推进心理健康教育工作的信息化，构建能够与时俱进的心理健康教育服务体系。目前，由吉林大学牵头，联合清华大学、北京大学等高校共同完成的"大学生心理健康教育"在线课程可以说是一个很好的探索。大规模开放式在线课程是新时代背景下产生的一种新型学习模式，构建慕课式大学生心理健康教育课程体系，有助于推动高校心理健康教育改进工作，从而帮助学生减少心理行为问题的产生，提升大学生的心理健康水平。

（二）实践活动

心理健康教育是一门实践性很强的课程，该课程的效果以学生成长的效果而不仅仅以学生的成绩来评定，课程的主要目的是促进大学生心理素质水平的提高。仅仅依赖于课堂授课和灌输的方式，心理健康教育很难使学生有所触动，教育者必须在教育过程中突出实践性，重视学生自己的体悟，使学生通过心理健康教育课程的学习有所体验，并将体验与实际生活相结合。心理健康教育实践性的关键是要通过教学活动让广大学生积极参与，主动展现自我，表达自我，体验当下，回味过去，展望未来。学生在实践活动中体验，获得真切的感受，然后在体验中改变自身的心理和行为，在实践活动中凸显生命本体的意义。社会实践对于大学生成长成才来说，是一种深层次的教育，学生积极参与社会实践活动的过程，也是塑造自我、完善自我的过程。人的全面发展是一个实践过程，大学生从实践中体验、探索，以更加饱满的精神状态去追求自我价值的实现，能够亲身体验到自己创造的价值。

（三）咨询服务

心理辅导与咨询是高校心理健康服务的核心。高校专职心理健康教育教师一般同时负责课程教学、心理咨询和心理健康宣传工作，以心理辅导与咨询为主。未来要进一步丰富心理咨询与心理辅导的内容，不仅要继续关注大学生的情绪、自我认知、恋爱、人际交往、学习、求职就业等方面的心理行为问题，也要加强对发展性问题的关注、心理素质方面问题的辅导，提升学生的心理健康水平。心理健康教育中心可以通过自己的网站进行心理健康知识的宣传、开放心理咨询与辅导的预约等功能，也可以进一步通过微博、微信等网络社交平台推送心理健康知识、心理调适技巧，提高心理健康工作的针对性、时效性。然而，大部分高校目前心理咨询的主要形式还是以单独面谈为主，高校应拓宽咨询的途径，开展团体咨询、微博咨询、微信咨询等。

（四）预防干预

高校在实现心理健康教育的普及化、全覆盖的同时，还要预防和及时发现学生出现的精神障碍。《普通高等学校学生心理健康教育工作基本建设标准（试行）》指出："通过新生心理健康状况普查、心理危机定期排查等途径和方式，及时发现学生中存在的心理危机情况。"但是，由于学生心理健康状况是动态变化的，仅仅凭借以上措施无法实现心理危机监测的持续性和有效性。因此，要建立心理健康监测的常态化机制，必须与辅导员的日常学生工作结合起来。2014 年，教育部印发的《高等学校辅导员职业能力标准（暂行）》（教思政〔2014〕2 号）规定：辅导员要广泛深入开展谈心活动，引导学生养成良好的心理品质和自尊、自爱、自律、自强的优良品格；在对学生开展心理健康教育与咨询工作中，协助学校心理健康教育机构开展心理筛查，对学生进行初步心理问题排查。

为了确保及时发现与预防心理危机，需要院系辅导员与学校心理咨询教师相互配合、密切合作，进一步明确心理监测工作中的职责分工和具体流程。辅导员要通过学习掌握心理问题"病与非病三原则"，及时发现存在心理问题的学生，能根据鉴别评估的基本标准将存在严重心理问题的学生及时转介到学校心理咨询中心；心理咨询教师要对存在心理问题的学生做进一步鉴别评估，分清情况并给予及时干预，对存在严重心理问题的学生进行心理咨询，将疑似患神经症或精神病的学生及时转介到精神卫生专科医院。这样，既能避免因工作重叠带来的资源浪费，又能有效弥补因工作出现断点带来的疏漏。

（五）平台保障

目前，高校心理育人工作主要由心理健康教育中心（心理咨询中心）总体负责，包括心理健康教育课程安排、心理咨询与辅导、危机干预和处理等。在院系层面，各院系的辅导员和班主任对学生情况更为了解和熟悉，他们也是心理健康教育服务体系中的重要组成部分。有的高校心理健康教育课程主要由辅导员担任，他们能够在第一时间了解到学生的心理状态。班级和宿舍也是开展心理健康教育工作的有效阵地。现在一些高校在班级中设立了班级心理委员，定期在班级内开展心理健康主题班会活动，取得了较好效果。大学生党团和社团组织往往会吸引很多学生参与，因此依托党团组织和社团组织开展心理健康教育活动，如开展朋辈辅导、主题讲座、实践活动等，会激发更多学生积极参与。总之，要利用好各种平台，将心理健康教育工作与其他学生工作相互结合，使心理健康教育工作与其他学生工作互相促进，这是增强心理健康教育力量的合理选择。

第三章 高校心理育人的价值

　　价值是客体满足主体需要或对主体有用有效的一种属性。马克思说："'价值'这个普遍的概念是从人们对待满足他们需要的外界物的关系中产生的。"大学生心理育人的价值就是大学生心理育人满足社会、个体等方面需要的一种关系属性，它是我们研究心理育人的缘起。纵观近 10 年的普及性实践，心理育人在解决个案的心理问题和心理疾病方面取得了一定的进展和成效，但在与思想政治教育的结合等方面仍不尽如人意，心理育人，仍然处于边缘化位置是不争的事实。因此，如何更好地发展心理育人是必须考虑的问题。

　　心理育人作为一种实践教育活动，自产生之日起就引起了世界各国理论界的普遍关注。在我国，随着高等教育体制改革不断深化，社会竞争加剧，心理育人的作用和地位愈益彰显，有关心理咨询、心理卫生等方面的研究成为理论研究的热点。

　　目前，国内关于心理育人价值的研究主要集中于以下三个层面：

　　①社会层面。张耀灿从构建和谐社会的角度阐述了心理健康在构建和谐社会中的基础价值作用。纳玲则从精神文明建设的角度，指出开展大学生心理育人工作不仅是高等学校的主要任务，而且是高校精神文明建设的一个重要方面。

　　②教育层面。樊富珉指出了心理育人既体现高等教育的双重价值，又与大学教学过程的本质特点密切相关，是高等教育培养目标的内在要求，同时还阐述了心理教育与德育、智育等教育因果的关系，明确指出德、智、体、美、劳的教育都离不开学生的心理活动。

　　③个人层面。申荷永从人的认知发展和情感发展以及自我的实现与超越等方面探讨了心理教育的价值所在，指出健康心理是人才的根本素质。

　　这些成果体现了学者们对心理育人价值的关注，主要着眼于对客体的效果。但是心理育人自身包括的目的、方法等的价值并没有得到重视，大学生心理育人运行规律、大学生心理育人的实践操作及实效性、大学生心理育人理论的发展等方面有待进一步探讨和研究。

第一节　高校心理育人价值的内涵

一、从个体发展看心理育人价值

（一）促进人的自由全面发展是其核心价值

马克思提出人的自由全面发展是人类的最高价值理想，其实质就是使人在世界中确立自己的价值和主体地位，以达到自我实现。所谓自由，是指人们在发展过程中，不受社会和他人的干扰，尤其是人为力量的约束。所谓全面，是指人的活动、能力、社会关系、自由个性和人类整体的全面发展。社会主义市场经济的实行与推进为心理育人个体价值的实现提供了最大可能的支持和条件。人的主体性在现实社会环境中凸显并逐步确立，关注自身、追求个体价值已得到人们的认同。作为教育中最关注人的精神发展的心理育人应将"注重人的发展"置于其应有的位置，将人的主体要求，人的积极性、创造性的发挥以及健全人格的培养作为其重要的教育目标，以促进人的全面发展。

（二）将个人的心境发展为最佳状态是其价值根本

世界卫生组织提出"健康不仅是躯体没有疾病，还要具备心理健康、社会适应良好和有道德"。健康的概念可以扩展为躯体健康、心理健康、道德健康、社会健康、环境健康。第三届国际心理卫生大会将心理健康定义为："在身体、智能以及情感上与他人的心理健康不相矛盾的范围内，将个人心境发展成最佳的状态。"从广义上讲，心理健康是指一种高效而满意的、持续的心理状态。从狭义上讲，心理健康是指人的基本心理活动的过程内容完整、协调一致，即认识、情感、意志、行为、人格完整和协调，能适应社会并与社会保持同步。心理育人是以培养心理素质和解决心理问题为基本目标的教育，包括心理培养、心理训练、心理辅导、心理咨询、心理治疗等，是直面人生命的活动。心理育人面对的是生命个体，它的根本目的是促进人的生理、心理和社会性等方面健康、和谐、统一发展。南京师范大学班华教授认为，心理教育是有目的地培养受教育者良好的心理素质，提高其心理机能，充分发挥其心理潜能，进而促进整体素质提高和个性发展的教育。因此，心理育人势必要以人为出发点，将关注个体成长和发展的整个过程和提高个体价值作为目的。心理健康是个体成长的本身内涵。每个生命都需要一种健康、积极、乐观、向上的人生态度和人生追求，在这种状态下，个体才会有成就感和幸福感。而心理育人是帮助人们寻找快乐、寻找自信、认识自我和实现自我价值的过程。因此，个体的心理健康是人生命的重要组成部分，是推动和实现个体生命价值的内在动力和驱向。因而，心理育人能够促进个体成长，提升个体生命的价值，实现个体的人生意义，这既是心理育人的神圣使命，也是心理育人的个体价值所在。

（三）提高人的社会适应能力是其重要价值

虽然人在本质上是社会的存在物，但这并不意味着人一生下来就是社会的人，就是一个合格的社会成员。一个人要从自然人成长为社会人，必须主动或被动地经历一个社会化的过程。特别是大学生，正处在社会化进程中的关键阶段，认知、情感、意志的发展都处于最快的时期，如果能接受系统的心理教育和发展引领，就可以加快这一进程的效率和效果。社会适应能力良好的人，其表现主要有：能在环境改变时正确面对现实，对环境作出客观正确的判断，不怨天尤人；能使自己的思想、行为与社会协调一致；善于与他人接触，以乐观豁达、宽容理解的心态与人相处，能够正确处理个体与群体的关系，有独立的人格和积极助人的精神；能乐观地对待挫折等。为此，世界心理卫生联合会把"适应环境，人际关系中彼此能谦让"作为心理健康的标志之一。高校心理育人的重要价值之一就是提高人的社会适应能力。

二、从教育主体看心理育人价值

心理育人价值的主体必然是人，作为"人"之主体有很多层次，可以是社会、群体或单个的人。

（一）心理育人对于学生主体的价值

心理育人能够满足学生的心理需要。在教育教学活动中，学生能够获得知识、发展能力、提高心理素质、形成良好的心理品质、掌握科学的心理方法。

（二）心理育人对于教师主体的价值

教师是心理育人的承担者，随着工作压力的不断增加，其自身的心理保健也越来越重要。教师的心理健康状况不仅关系到教育效能的发挥，而且会直接带到教育过程中，影响受教育者的心理健康与发展。因此，心理育人对于教师心理素质的提高具有重要价值。就此意义上说，教师又是心理育人实践的主体。教师不仅要有专业知识和教学能力，而且必须了解受教育者自身身心发展的规律，了解心理育人的意义，具备心理教育的能力，在各自的教育实践中自觉体现和渗透心理育人。

为人师者，要尊重、理解、爱护学生，真诚对待学生，用一个全面发展的生命去影响、熏染一个个需要全面发展的生命，让砺器悟道的精髓不断延展下去；通过支持与鼓励、细听倾诉、说明与指导、控制与训练等方式让教育和管理建立在有效的心理关系上，赋予专业教育和行政管理以"人性化"特质，进而提高教育效果和管理效能；努力成为学生学习的引导者、人际关系的调节者、心理健康的维护者、全面发展的促进者。

（三）心理育人对于家长主体的价值

在家庭教育活动中，家长是实践的主体。心理育人对于提高学生家长的心理素质具有重要价值。许多学生心理疾病的成因主要是亲子关系中存在问题。因而，向家长普及心理健康理念有助于从源头上解决大学生的心理问题。此外，心理育人的补救功能还体现在对大学生原生家庭、亲子关系的修复上。

（四）心理育人对于社会主体的价值

个体成长和发展总是离不开一定的社会背景，良好的社会教育环境是青少年健康成长的有利条件。同时，个体的言行又会影响他人的发展。心理健康问题在不同年龄的人身上都会造成情绪、性格、人际关系等方面的异常，还会直接阻碍其个性的正常发展，甚至会导致犯罪行为的产生，影响社会安定。因此，心理育人对于预防犯罪、净化社会的教育环境也具有积极的意义。

三、从心理育人的过程看心理育人价值

（一）专业教学过程中渗透着心理育人的价值

专业教学中对学生实施心理教育是现代教育的必然要求。真正的专业教学不仅是使学生获得、运用知识的过程，同时也是使学生发展能力、形成品质、掌握方法的过程。专业教学要想取得好的效果，必须依靠学生学习某门学科的需要、动机、兴趣、情感、意志、心态、能力等心理因素。任何一种知识的掌握必须以一定的能力为基础，以一定的心理品质为保证；任何一门学科教学效果的好坏都不仅仅取决于教师，更取决于学生学习这门学科的积极性、能力等。也就是说，在专业教学中渗透心理育人符合本专业的需要，可以提高学生学习本专业的积极性、主动性、创造性，从而提高专业教学的水平和质量。

（二）管理工作过程中实施心理育人的价值

学校中的党务管理工作、行政管理工作等都必须注重对学生心理健康的教育。这不仅有利于提高学生的心理素质，而且有利于提高管理者的心理素质，更可以提高各项工作的效能。在管理工作过程中实施心理育人，必然会促使管理者自觉地了解工作对象的心理特点，并注意使自己的工作内容、工作方法适应工作对象的心理特点，从而提高自己的工作水平和质量。

（三）专题教育活动过程中进行心理育人的价值

通过心理健康周活动、军训、毕业季活动等对学生进行心理训练是学校心理育人的重要途径。只有学校的各种专题教育活动符合学生的年龄特点、满足学生的心理需要，学生才会感兴趣，才会积极主动地参与。在各种专题教育活动中加入心理育人工作可以提高活动的趣味性、针对性和有效性，吸引教师和学生共同参与、合作。

第二节　新时代心理育人价值实现的
现实困境

当前我国正面临新时代发展的机遇与挑战，国内国际形势复杂多变，从不同程度上影响当代大学生的思想、心理和行为，高校心理育人价值实现面临着诸多新问题和新挑战。因此，高校要在充分把握当前心理育人价值实现整体现状的基础上，深入聚焦实际问题，为进一步分析问题和解决问题提供准备。虽然高校心理育人已经取得丰富的成果，但同时高校心理育人面临进一步发展的瓶颈，心理育人价值实现正面临着种种现实的困境。

一、心理育人的课程主渠道作用发挥不足

心理健康教育课程是促进心理育人的"主渠道"。高校要利用心理健康教育课程全覆盖的优势，发挥出心理健康教育课程作为大学生心理育人的主渠道作用。然而，当前心理健康教育课程教学中还存在一些薄弱环节和突出问题阻碍着心理健康教育课程"育人"功能的发挥。

（一）心理健康教育课程形式单一，教学方法有待改进

目前，高校中普遍存在心理健康教育课程形式单一、教学方法有待改进的问题。一方面，相当一部分高校把心理健康教育纳入全校的必修课，采用集中上课的形式进行线下授课，而很少利用丰富的网络资源，把 5G、移动直播、互联网、人工智能等技术应用到高校心理健康教育课程教学中，造成心理健康教育课程形式单一、枯燥，未能及时吸引学生的注意力。另一方面，高校心理健康教育课程教学的方法相对单一，小部分教师墨守成规，仍采用传统课堂授课的方法，侧重心理健康知识的宣讲，较少采用情境体验式的互动教学方法，造成心理健康教育课堂气氛不活跃，教师与学生之间缺乏有效的沟通和互动，大学生的心理体验与感悟不深，心理健康教育课程教学效果有待提高。高校心理健康教育课程教学方法改革要更多地融入心理体验和实践感悟环节，让心理健康

教育课堂真正"活起来"和"动起来"。

（二）教师未能把思政元素有机融入心理健康教育课程教学中

事实上，心理健康教育课程中蕴含大量的"育人"资源，挖掘心理健康教育课程中丰富的思想政治教育资源，将其有机融入心理健康教育课程教学的各个环节，才能最大限度发挥心理健康教育课程的"育人"价值。然而，当前大学生心理健康教育课程教学还未能有机融入和渗透价值观教育，更多的是传递给大学生心理健康知识和心理调适技巧等，普遍存在偏重心理健康知识传授而轻价值观引导的现象，教师对心理健康教育课程中蕴含的思想政治教育元素挖掘不够，也缺乏足够的意识和相关的知识储备，导致"育心"与"育人"未能深度融合。

二、心理育人价值实现的实践资源有待整合

（一）心理育人的实践活动还不够多元化

虽然高校利用各种载体和手段开展了一些心理育人实践活动，不断提高心理育人活动的吸引力和感染力，但普遍存在的问题是，这些活动都相对单一和固定，未能形成品牌化，对精品心理活动的打造力度还不够。同时，当前高校也未能及时把心理育人渗透到学生工作、社会实践、教学实践等第二课堂活动环节中。事实上，高校可以借助主题班会、团日活动、党日活动等契机，利用大学生军事训练实践、志愿服务、实习支教、勤工助学等活动，把心理育人活动渗透其中，让心理育人实践活动更加丰富多元。

（二）现代信息技术在心理育人中运用还不多

调查显示，目前有 68.32%的高校心理健康教育咨询中心已经建立心理育人专题网站，64.12%的学校开设心理健康教育咨询中心微信公众号，有相当一部分高校还实现了心理教育信息化管理与运作，利用新媒体平台开展心理育人工作的方式正逐渐在高校中推广，但普及的程度还不够高，特别是大数据背景下心理健康知识的宣传机制、学生心理健康数据的监测和跟踪机制等还不健全，对大学生的心理健康监测还不能做到精准有效，未能实现利用大数据、人工智能等现代信息技术开展心理育人工作。高校中利用新

媒体开展心理健康知识宣传和心理育人工作还未全面铺开，一些微信推送内容缺乏实效性和吸引力，大学生对微信推送内容的关注度不高，浏览量不大；线上开展网络心理咨询与辅导的学校还相对较少，有的甚至回复不及时，教师和学生之间缺乏有效的互动，线上心理育人与线下心理育人还有待深入融合。

三、心理育人的价值导向有待加强

长期以来，高校在心理育人中对大学生价值观的引导和渗透并不明显，心理育人的价值导向有待进一步加强。

（一）心理育人的价值引导不鲜明

现阶段，高校心理育人的内容偏向对大学生的心理健康知识传授、心理问题解答以及心理素质培养，在心理育人中对大学生的价值引导偏少。大学生对心理育人价值导向的需求与心理育人的价值导向发挥不足之间的矛盾突出。调查研究显示，在学生调查中，有 46.98%和 24.68%的大学生分别对"学校开展的心理健康教育对我价值观的引导有很大帮助"表示"部分同意"和"非常同意"；有 49.82%和 25.32%的大学生分别对"学校心理健康教育对我形成正确的友善观很有帮助"表示"部分同意"和"非常同意"；有 48.81%和 24.04%的大学生分别对"学校心理健康教育对我形成成败观有帮助"表示"部分同意"和"非常同意"；有 46.53%和 22.94%的大学生分别对"学校心理健康教育对我形成爱情观、婚姻观有帮助"表示"部分同意"和"非常同意"；有 47.44%和 24.04%的大学生分别对"学校心理健康教育对我形成正确的职业价值观很有帮助"表示"部分同意"和"非常同意"。

在教师调查中，86.82%的教师认为在心理健康教育课程教学中要有价值导向，85.37%的教师认为在大学生日常心理健康教育活动中要有价值导向；74.28%的教师认为在大学生心理危机干预中要有价值导向；66.72%的教师认为在大学生心理咨询中要有价值导向。不过，还有 24.28%的教师认为心理育人中可以没有价值导向，这可能与相当一部分教师缺乏价值引导的意识有关。61.90%的教师认为自己把握不好价值引导的度；55.79%的教师认为"当前心理咨询中太过于强调价值中立而导致教师对价值干预忽视"。从整体上看，有 33.12%的教师认为心理育人的价值观导向价值"实现程度较高"，

46.39%的教师认为"实现程度一般"。

心理育人的价值引导不鲜明表现在许多方面。例如，在心理育人过程中对大学生友善价值观的引导不突出。有近60%的大学生存在不想交往、不善交往和不会交往等困惑，教师在对大学生开展人际交往教育或进行人际交往个案咨询时，往往偏向对大学生人际交往技巧的教育，对人际交往中友善观的引导不深入，缺乏人际交往的技巧。只有强化对大学生友善价值观的引导，才能抓住整个人际交往问题处理的关键点。

总之，当前大学生面临着许多价值选择的困惑，价值观导向要全面渗透到心理育人的过程中，在心理咨询、心理健康教育课程教学、日常心理健康教育活动、心理危机干预、朋辈心理健康教育以及网络心理健康教育中，要在心理育人的各个环节渗透价值观的引导，心理育人在新时代应该凸显出对大学生的价值引领，才能更好发挥出心理育人在立德树人中的独特价值。

（二）心理育人与大学生思想和行为的实际联系不紧密

以往心理育人中教师把更多的注意力集中在帮助大学生解决心理问题和心理困惑上，而忽略对大学生思想状况的了解；在心理育人内容上，往往单纯局限在心理学视野下的心理健康教育，心理育人与大学生的思想实际联系还不紧密。然而，当代大学生的心理问题往往是和思想问题联系在一起，在心理育人的内容上要凸显思想育人内容的部分，更加贴近大学生和社会的实际，紧密结合大学生日常学习、生活和工作的思想实际而展开，才能更好实现对大学生的价值引领。

例如，当前一些大学生的学习思想观念发生变化，对大学学习的认识产生偏差，小部分大学生学习热情不高，缺乏远大的奋斗目标，有的甚至沉迷网络，过着得过且过的生活，思想上的种种片面认识导致自我认知偏差和自我效能感低下，最终出现各种心理问题。又如，一些大学生由于爱慕虚荣、喜欢攀比，总是幻想着能走捷径，当自己的经济无法满足自己由于爱慕虚荣而产生的开支时，就会出现心态不平衡，对生活感到失望，最终导致心理问题产生。因此，教师要敏锐捕捉大学生思想和行为的变化，密切关注大学生思想实际，在精准全面把握大学生思想状况和心理特点的基础上，有针对性地开展心理育人工作，这样才能把握大学生心理问题产生的根源，从根本上帮助大学生解决各种心理问题和思想困惑。

四、心理育人价值实现程度有待提高

从整体上看，心理育人在新时代凸显出道德人格塑造价值、行为激励价值、个体享用价值以及社会心态培育价值，但这些价值的实现程度还有待进一步提高。有的教师认为心理育人"只对小部分心理有问题的学生发挥作用"；有的教师认为心理育人"只在预防和筛查心理危机中发挥作用"；有的教师认为心理育人"只发挥很小部分的作用"；还有教师认为心理育人"未能真正发挥育人成效。"

（一）道德人格塑造价值还有待深入挖掘

有学者指出，思想政治教育的重要任务，就是塑造个体健全的人格，使社会成员形成崇高丰富的精神境界，健康良好的心理品质。心理育人在培育大学生健全人格中发挥重要的作用。应注重对大学生道德人格的塑造，因为道德人格本身就是人格教育的重要组成部分。应通过心理育人以"修心"来"修德"，全面提升大学生的道德认知，培养大学生的道德情感和道德行为，培养大学生自尊、自信、自律的优良品格以及担当、奋斗和爱国等时代新人必备的人格品质。

调查发现：有25.9%的大学生对"心理健康教育对我正确道德认知形成具有引导作用"表示"非常同意"，有49.3%的大学生表示"部分同意"，有19.1%的大学生表示"不确定"；有24.5%的大学生对"学校开展的心理健康教育对我塑造健康道德人格具有重要作用"表示"非常同意"，有48.4%的大学生表示"部分同意"，有20.5%的大学生选择"不确定"；有26.1%的大学生对"学校开展的心理健康教育有利于我从心理角度培养道德情感"表示"非常同意"，有48.9%的大学生表示"部分同意"，有19.1%的大学生表示"不确定"。大学生对"在心理育人中培育道德人格"的认同度相对较高，这也反映出大学生对培育道德人格、获得道德人格成长的内在需要。有47.9%的教师认为心理育人的道德人格塑造价值"实现程度不高"；有30.7%的教师认为"实现程度较高"。调查结果表明：道德人格塑造价值还有待深入挖掘。

（二）行为激励价值实现程度不高

新时代高校心理育人还承担着对大学生积极行为的激励价值。调查发现：有22.67%的大学生对"学校开展的心理健康教育对自己形成积极向上的行为很有帮助"表示"非常同意"，有49.91%的大学生表示"部分同意"，有21.48%的大学生表示"不确定"；有23.49%的大学生对"学校开展的心理健康教育对我积极行为养成具有激励作用"表示"非常同意"，有49.09%的大学生表示"部分同意"，有21.85%的大学生表示"不确定"；有23.31%的大学生对"学校开展的心理健康教育活动能鼓舞我的斗志，让我具有奋发向上的行为动力"表示"非常同意"，有48.17%的大学生表示"部分同意"，有22.31%的大学生表示"不确定"。另外，有37.46%的教师认为心理育人的行为激励价值"实现程度较高"，46.63%的教师认为"实现程度不高"。调查结果表明：行为激励价值实现程度不高，需深入挖掘该价值。

实际上，行为激励和榜样示范是行为主义心理学常用的方法。心理育人的教师应结合新时代背景，给大学生做积极的、正向的引导，在心理育人中把中国梦与"青春梦"结合起来，激励大学生投身到中国特色社会主义伟大实践中，从实现中国梦的高度去帮助大学生树立远大的理想，用理想信念去激励大学生形成积极行为，从而发挥出心理育人的积极行为激励价值。

（三）个体享用价值有待进一步挖掘

有学者指出，个体享用价值实质上是指让个体在教育活动中领会和体验道德人生的幸福、崇高等，并向他人展示人格的魅力和道德的力量，引导人们一起去追求崇高和美好，进而去实现人的理想。随着新时代我国社会主要矛盾变化，人民对美好生活的向往需求增多，特别是对精神生活的向往需求日益增加，心理育人价值要凸显出其个体享用价值，即在社会主要矛盾发生变化的情况下，促进个体追求幸福，提高幸福感的价值旨归，满足个体对精神生活的向往，从内在心理层面提高个体的主观幸福感，使个体获得积极的情绪和情感体验，提升个体感受幸福和创造幸福的能力，使个体获得更多精神上的愉悦与享受。个体享用价值是构成新时代高校心理育人价值的重要组成。

调查发现：有25.12%的大学生对"学校开展的心理健康教育有利于提升精神生活品质，收获更多的幸福感"表示"非常同意"，有48.72%的大学生表示"部分同意"，21.11%的大学生表示"不确定"；有25.78%的大学生对"参加心理健康教育活动可以让我获得愉悦情感，满足对美好精神生活的需求"表示"非常同意"，有47.62%的大学生表示"部分同意"，有20.75%的大学生表示"不确定"；有23.49%的大学生对"学校开展的心理健康教育可以满足我的心理和精神需求，提高个人的境界"表示"非常同意"，有 47.71%的大学生表示"部分同意"，有 22.58%的大学生选择"不确定"。有 44.37%的教师认为心理育人的个体享用价值"实现程度不高"，有 33.12%的教师认为"实现程度较高"。在新时代背景下，心理育人应凸显出旨在帮助大学生追求幸福、获得积极心理体验，满足大学生高层次精神生活需求的价值追求，这些都有待在实践中进一步加强。

（四）社会心态培育价值未得到完全凸显

当前，高校心理育人的健康心态培育价值得到普遍的认可，有 47.26%的大学生对"学校开展的心理健康教育对我健康心态养成具有很大帮助"表示"非常同意"，有 22.12%的大学生表示"部分同意"；有 44.75%的教师认为心理育人的健康心态培育与干预价值"实现程度较高"，36.66%的教师认为"实现程度一般"。在新时代背景下，高校心理育人在涵养当代大学生的社会心态上略显不足。党的十八大报告指出："培育自尊自信、理性平和、积极向上的社会心态"。在心理育人中培育大学生形成爱国情怀和包容、开放的大国心态，树立起自尊自信、理性平和、积极向上的社会心态将是未来心理育人工作重要的内容，而目前这部分的内容相对比较缺乏。

在"大学生存在不良社会心态的主要原因"调查中，有 61%的大学生认为是"价值观迷失和理想信念缺失"，有 43%的大学生认为是"文化多元化发展带来价值观冲突"，有 52%的大学生认为是"主体意识不成熟导致认知困境"，有 39%的大学生认为是"受到网络媒体的负面影响"。在"对自己健康社会心态养成具有显著作用的活动有哪些？"的调查中，有 60%的大学生选择"参加社会实践"，有 45%的大学生选择"参加校园文化活动"，有 29%的大学生选择"心理健康教育课程"，有 28%的大学生选择"心理咨询与辅导"。可见，影响大学生健康社会心态形成的原因是多方面的，当前通过心理育人的途径对大学生社会心态进行培育的现象还相对较少，应深入发掘心理育人的社会心态培育价值，发挥出心理育人的社会心态培育价值。

第三节　新时代高校心理育人
价值实现的路径

新时代高校心理育人价值实现是一个理论问题，也是一个实践问题。不仅要从学理上对心理育人价值实现机理进行深入剖析，更要在实践中去构建实施的路径。高校心理育人价值的实现要坚持问题意识，紧紧抓住教育对象的成长规律和心理特征，把握教育对象的心理需求，切实解决心理育人中存在的现实问题，构建全方位、全要素、高效率的心理育人价值实现路径。

一、利用课堂主渠道打造立体化的心理育人课程体系

课程育人是高校"十大"育人体系的重要组成部分，是高校立德树人的重要途径之一。高校要深化心理健康教育课程改革，挖掘心理育人课程的资源，形成纵横交错的心理育人课程群，按照"全方位融入、全面覆盖、分级实施、有效衔接"的思路，打造"全覆盖、有梯度和不断线"立体化的心理育人课程体系。

（一）发挥心理健康教育课程对心理育人的主渠道作用

高校心理健康教育课程是心理育人的主渠道，是对大学生进行心理健康教育和知识教育的重要途径，在心理育人中发挥着举足轻重的作用。

1.打造形式多样的心理健康教育课程，丰富心理育人的教学体系

心理健康教育课程是高校宣传与普及心理健康知识的重要途径，高校要全面提升大学生心理健康教育课程的教学质量，打造由"线下主课堂＋网络新课堂＋心理微课堂＋实践大课堂"构成的心理健康教育系列课程，实现心理健康教育课程教学从线下到线上课堂的延伸，从线上又回到社会生活实践的无缝对接。

（1）线下主课堂

高校要把线下心理健康教育课程作为心理育人的重要渠道，纳入全校人才培养的整体方案中，确保心理健康教育课程的全覆盖。大学生心理健康教育课程融合心理知识传

授、心理体验与行为训练为一体,在预防大学生的心理问题、引导大学生调适心理、提升大学生心理素质以及促进大学生成长成才等方面发挥着重要的作用。各高校应严格按照教育部对心理健康教育课程的规定来制订教学计划,保证充足的学分和学时,形成以必修课为主、以选修课为辅的心理健康教育课程体系,保证在校大学生都能接受心理健康教育,实现高校心理健康教育的全覆盖。

（2）网络新课堂

2015年7月,国务院在《国务院关于积极推进"互联网＋"行动的指导意见》中指出:"鼓励学校利用数字教育资源及教育服务平台,逐步探索网络化教育新模式。"心理健康教育网络新课堂是利用各种线上的网络平台和教学资源,实现心理健康教育教学资源的共享,以先进的网络教学技术和丰富的教学资源,推动传统心理健康教育课程教学模式的变革,把线上教学和线下教学结合起来。通过"心理健康教育视频课程""心理健康教育资源共享课""心理健康教育慕课""翻转课堂""移动直播"等多样化的网络教学平台,打造线上心理健康教育课程"金课"。丰富的网络心理健康教育教学资源汇聚心理健康教育方面的教学师资,让大学生接触到更优秀的教学资源,作为线下教学的重要补充,有利于解决当前高校心理健康教育专职教师缺乏的困境,打破时空的限制,让大学生有机会在线聆听一线教学名师的授课,以网络信息技术来弥补传统心理健康教育的不足,将进一步提高大学生在线自主学习的积极性和能动性。高校应积极开设心理健康教育网络课程,并逐步推广和拓展。

（3）心理微课堂

心理微课堂是以短小精悍、内容新颖、形式活泼、即时互动为特点的短视频或微视频来宣传和普及心理健康知识的小课堂。心理微视频在微信公众号、微博、抖音等媒体平台上发布,使用动漫或图片配合文字解说帮助大学生认识和理解心理健康的知识点,以大学生喜闻乐见的方式传播心理健康知识,极大满足大学生的学习需求,可视化动画场景给予大学生丰富的视觉感受,提高大学生学习的参与度和兴趣度,增强大学生的互动性和体验性。心理微课堂契合人与空间共存的应用场景,符合大学生碎片化场景下的学习特点,大学生可以利用生活化和碎片化的时间进行学习,创新了大学生学习的场景和形式,成为高校心理健康教育课程的重要补充。

（4）实践大课堂

实践大课堂侧重心理实践体验,让大学生在实践中获得感悟和提升。教师要在心理健康教育课程中精心设计具体的实践环节,设置一定的实践学时,撰写心理健康教育课程的教学实践报告,让大学生能把课堂上所学到的心理健康教育知识运用到具体的实践中。实践大课堂分为团体和个体两种形式。在团体实践方面,大学生可以参与不同主题的团体心理辅导,如自信心提升团体、自我意识成长团体、情绪管理团体、职业生涯发展团体、亲密关系团体等;可以组织开展心理主题班会活动,参与宿舍团体活动体验,参加心理情景剧剧本创作与演出,在体验中收获心理成长。在个体实践方面,大学生可以自主选择相应的教学模块并设计个性化的实践内容。如认识新朋友、每天记下自己的小变化、做一件之前想过却不敢做的事、开展一次真诚的沟通对话、读一本心理学书籍并与他人分享、改变一个拖延行为、撰写一份自我成长报告、制订一份属于自己的生涯规划、做一次心理咨询、当一次朋辈心理陪伴者等。教师可以通过具体的实践,让大学生充分运用所学的心理知识,以丰富的实践活动形式激发大学生参与学习的热情,提高心理健康教育课程的教学效果。

2.促进互动体验式课程的教学改革,激发心理课堂的活力

高校应推进大学生心理健康教育课程的教学改革,坚持创新课堂教学,给学生深刻的学习体验。心理健康教育课程应该是互动体验式课程,教师在课程教学中要最大限度发挥大学生的主体性作用,采用理论、体验、训练相结合的教学方法,打造情景浸润式的课堂。在互动体验式心理健康教育课堂上,教师可以把辩论对话、案例讨论、心理测试、心理训练、角色扮演等多元化教学方式融入心理大课堂,不断激发课堂活力,让学生在心理活动的实践中去觉察、感悟和体验,让学生在师生双向互动或学生间的多向互动中,碰撞出思维的火花,得到心与心的交流,最终获得心理的成长。互动体验式心理健康教育课堂涉及暖身活动创设氛围、知识点呈现、活动体验、分享讨论和总结提升五个具体环节,让大学生在教学与互动过程中获得对心理健康知识的理解,获得心灵的感悟和成长。例如,开展《动物操》《雨点变奏曲》等活跃课堂气氛的小游戏,进行《驿站传书》的人际交往体验、《花与蜜蜂》的意向对话练习、《大树》的冥想放松训练、《房树人》的绘画心理体验、《镜中人》的角色互换体验、《走进潜意识》的催眠体验等。教师要通过心理健康教育课程的教学改革不断激发课堂的活力,全面提升心理健康教育课程的教学质量。

3.心理健康教育课程中挖掘思政教育元素,发挥心理课程的育人功能

高校要在心理健康教育课程中融入思想政治教育的内容,并具体落实到心理健康教育课程的目标设计、教学大纲编撰、教材选用、教案课件编写、内容评价体系修订等方面;要重新修订心理健康教育课程的教材,在原有教学计划中有机融入思想政治教育元

素，让思想政治教育的内容进入大学生心理健康教育课程的教材中，充分地挖掘心理健康教育课程与思想政治教育育人元素的映射点，处理好心理健康教育中的显性知识教育与隐性价值引导的关系。高校心理健康教育课程中融入思想政治教育的元素，应贯穿于心理健康教育课程教学的各个环节，有机融入课堂授课、体验分享、作业考核等各个环节中。例如，在"大学生心理健康绪论"一章中，教师除向大学生介绍心理健康标准、大学生常见心理问题、心理咨询基本常识以及使学生掌握心理调节的基本方法外，还要介绍健康中国背景下对国民的心理健康素养要求、国家社会心理服务体系建设情况、习近平总书记关于人民健康的系列重要讲话精神，引导大学生养成健康生活方式，树立正确的健康观等。在"大学生自我意识培养"的授课中，教师除引导大学生清晰认识自我、了解自我，掌握欣赏自我、悦纳自我的方法外，还要通过认识自我教育，让大学生学会处理自我与他人、自我与社会的关系，处理好"大我"与"小我"之间的关系，把"小我"融入国家和时代的"大我"之中，从一个非独立"社会人"向独立"社会人"转变，找到自己的合理定位，实现从学生到"社会人"角色的转变。在课堂体验环节，教师可以在课堂中开展角色扮演，设计情景式的教学，如通过设计价值观冲突的情景让学生进行角色扮演，让大学生在觉察冲突、体验冲突和化解冲突的过程中完成对自己价值观的澄清、判断、选择和重构。教师要把心理元素和思想政治教育元素有机结合起来，既注重大学生的心理体验，又注重价值引领，保证思想政治教育元素在课堂中的灵活运用。

（二）发挥课程思政对心理育人同向同行的渗透作用

"课程思政"中蕴含着丰富的"隐性思政"元素。高校"课程思政"包括专业必修课、通识课以及公共基础课等各类课程，涉及人文社会科学类课程和自然科学类课程。这些课程都蕴含着传授学科知识、提升技能和引领价值的功能，学科专任教师要将心理育人的理论知识、技能和价值理念融入各门课程中去，促使大学生在知识与人格、理智与情感、身与心等各方面达到和谐发展的良好状态。学科专任教师应树立"课程思政"的教学理念，挖掘学科课程本身以及教学过程中的心理育人元素，在教育教学过程中有目的、有计划、有意识地渗透心理育人，更好地促进大学生的身心健康发展。

一是学科专任教师应遵循知识的思政逻辑，把价值引导有机融入知识传授中。学科专任教师要树立正确的教学理念，明确各学科教学的目的是帮助学生掌握基础科学文化知识，提高学生的道德品质，帮助学生形成良好的行为习惯，促进学生德、智、体、美、劳全面发展及身心健康和谐发展。社会科学类课程和自然科学类课程实际上都涉及想象、思维、兴趣等心理因素，体现出社会认知、意志品质、社会情感以及人文精神等，以知识教育来支撑价值引导，在价值引导中促进知识传授，把知识传授与情感、意志、行为训练有机结合起来，以人格的塑造、人的价值开发等为目标，使课堂成为提升心理素质、造就人的全面发展的必要途径。

二是学科专任教师应遵循教学过程的思政逻辑，在课堂教学过程中有机融入心理育人。课堂教学过程不仅是学生知识学习的过程，更是师生之间互动交流的过程，是师生双方情感、态度、意志、性格等心理因素相互作用的过程。在这个过程中，师生关系、课程互动、课堂心理氛围、课堂管理模式、教师对学生的反馈态度以及教师的心理健康状况等都对大学生心理发展和心理健康产生影响。这就要求教师在学科教学过程中自觉地、有意识地运用心理学的原理和方法，在给大学生传授知识技能的同时，根据大学生的心理发展规律，结合学科教材内容，精心组织课堂教学，加强师生之间的知识、情感、价值交流，在此基础上与大学生产生心灵的碰撞与共鸣；多给大学生一些支持和鼓励，培养大学生形成良好的心理品质，自觉维护大学生的心理健康。当然，在"课程思政"中心理育人资源的选择与运用必须恰到好处，切勿过于牵强或生搬硬套。

二、促进资源整合，实现多元化实践

实践活动是人们证明自己思维的真理性，以及体验感悟和获得经验的重要方式。2016 年 4 月，习近平在知识分子、劳动模范、青年代表座谈会上寄语广大青年要"要坚持知行合一，注重在实践中学真知、悟真谛，加强磨练、增长本领"。高校应积极开展心理育人实践活动，在遵循高校心理育人价值实现机理的基础上，整合各类资源，丰富大学生的心理认知和心理体验，在多元化实践中促进高校心理育人价值的实现。

（一）依托校园心理文化活动，提高心理育人的活力

高校各类校园文化活动是心理育人价值实现的重要载体。2016 年 12 月，习近平在全国高校思想政治工作会议上指出："要更加注重以文化人以文育人，广泛开展文明校园创建，开展形式多样、健康向上、格调高雅的校园文化活动。"因此，要促进高校心理育人价值的实现，就必须要增强心理育人实践的实效性，创新心理育人的载体和形

式，推动心理育人实践活动立体化发展。校园心理文化活动作为校园活动的一部分，对个体心理成长具有重要的作用。

一是推动心理育人校园文化活动品牌化。高校应通过日常的心理健康教育宣传活动，以大学生的成长需求为根本出发点，打造以"心理"为主题的精品活动，不断凝练心理育人的特色品牌活动，提高心理育人活动的吸引力。高校可通过举办心理主题演讲大赛、心理征文比赛、心理文创产品设计大赛、朋辈心理说课大赛、校园心理剧本大赛、心理微电影大赛，开展心理影展、心理沙龙、沙盘游戏、心理素质拓展训练以及团体心理辅导等特色心理育人校园文化活动，让学生在参与校园心理文化活动中锻炼心理品质，营造浓厚的校园心理文化氛围。这些都是高校经过多年的实践探索出的深受学生喜爱的心理育人活动精品，应进一步加以凝练和提升，形成新的心理育人品牌。

二是实现心理育人实践活动层次化。不仅要在学校层面开展丰富多彩的活动，还要依托高校二级学院开展颇具学院专业特色的心理育人实践活动，这样才能扩大心理育人活动的覆盖面。高校可坚持"一院一品"的原则，支持各学院结合大学生群体特征和学院专业特色开展心理育人工作。如生物科学与技术学院的"园艺治疗"、文学院的"艺文箱庭工作室"、体育学院的"荧光慢跑打卡运动"、艺术学院的"音乐与舞动治疗"、法学院的"社工小组工作"、马克思主义学院的"红色文化涵养心灵主题实践"等心理育人精品活动颇具学院特色，能够积极引领学生的心灵成长。

（二）丰富社会实践活动体验，拓展心理育人的载体

实践是人特有的存在方式，理论的对立本身的解决，只有通过实践方式，只有借助于人的实践力量，才是可能的。实践活动对大学生身心灵塑造具有重要价值，高校要积极探索以实践育人推动心理育人的方法。在实践中，个体的实践目标越高，实践环境和条件越艰苦，可能遇到的阻碍就越大，对个体的锻炼和意志历练就越大。实践是历练人的意志品质的重要途径，在实践中得到锻炼的各种心理品质又反过来推动个体成长和社会实践能力的发展。

1.开展丰富多彩的第二课堂实践活动

高校利用开展主题班会、团日活动、党日活动等契机，把心理育人有机地融入第二课堂活动中，在大学生军事训练实践、创业实践、实习支教、勤工助学活动中，潜移默化地对大学生心理与行为习惯产生积极影响。例如：通过军事训练实践，磨炼大学生的

意志品质，培养大学生乐观、坚韧的心理品格；通过创业实践，锻炼大学生的创造性思维，培养团队协作和人际交往与沟通的能力；通过专业实践和实习支教，锻炼大学生的职业能力，让大学生在解决实际问题中提升社会适应能力；通过勤工助学，培养大学生自强自立、克服自卑、战胜自我的积极品质等。这些实践活动不仅可以锻炼大学生的实践能力，提高大学生的综合素质，还可以在贴近大学生日常生活中引发学生的心理和情感共鸣，促进大学生的心理成熟，给大学生思想熏陶、智慧启迪和心灵滋养，从而达到心理育人的目的。

2.开展大学生的社会实践和志愿服务活动

高校要引导大学生认识到当代青年的使命和担当，引导大学生勇于承担社会责任。例如，高校可结合"三支一扶""大学生志愿服务西部计划""青年红色筑梦之旅"等经典社会实践项目，引导大学生深入社会、深入群众，参与到乡村振兴和社会治理中，让大学生了解社会实情，提升大学生的社会适应能力，使大学生在多彩的社会实践中完成心理的塑造。在志愿服务的社会实践中，大学生可以学会勇于面对各种挫折，增强克服困难的信心和勇气，形成自信、自立、自强的人格品质，并且形成奉献、合作、援助、救济、谦让等利他的社会行为。例如，高校可以鼓励大学生参加社区公益志愿服务，用所学的知识和技能去帮助他人，用心服务社会，激发自我成就感和价值感，实现自己的人生价值。

3.开展大学生的红色实践活动

高校应积极打造红色研学路线，带领大学生参观红色基地，增加大学生的红色体验和感悟，强化革命文化精神培养，磨炼大学生意志品质。调查显示：有70.6%的大学生认为"参观红色文化基地对自己有精神促进和激励作用"；有63.3%的大学生认为"革命英雄事迹对自己心灵产生巨大鼓舞作用"。可见，大学生对"红色实践体验对自己有精神激励作用"持认可的态度。高校利用寒暑假推出"追寻习近平总书记的足迹""百万师生重走复兴之路""重走抗联路"等红色精品研学路线，通过带领大学生参观革命遗物、遗址，让大学生在聆听革命故事、学习英雄的先进事迹、感悟革命精神力量的同时也锻炼意志品质，在社会实践活动体验中提升精神品性。

（三）利用现代信息技术，创新心理育人的手段信息化

新时代给高校的心理育人工作带来新的机遇，高校要把新技术有机融入心理育人的实践中。高校应借助大数据、VR（虚拟现实）、人工智能和融媒体等现代信息技术开展心理育人，发挥其在心理知识宣传、心理咨询服务、心理危机干预、心理健康数据监测等方面的作用，围绕心理育人价值实现目标打造多样式的心理育人媒介，形成开放、灵活、有效的心理育人新格局。

1.利用大数据技术开展心理健康数据收集、评估和预警

在高校心理育人过程中，借助大数据能便捷、精准和有效地掌握大学生的心理健康资料和信息，通过收集和分析大学生的心理和行为数据，对大学生进行全过程的个体"画像"和群体"画像"，掌握大学生思想、行为和心理变化的轨迹，精准研判大学生的心理健康状况，提高心理育人的精准性和针对性，让高校心理育人更具科学性和专业性。

（1）利用大数据技术开展大学生心理健康数据收集

在高校心理育人过程中，会产生各种类型的学生心理健康数据。收集学生的心理健康数据，充分挖掘心理健康数据价值，更快地了解学生的心理健康信息，将大大提高心理育人的工作实效。然而，当前在对大学生心理健康数据的把握上，还缺乏联动和监控，对大学生心理健康数据的收集还未引起足够的重视，造成学生心理健康信息来源过于单一，不能全面反映出大学生的心理健康动向。高校应利用大数据技术开展大学生心理健康数据收集，以大大提高心理育人的精准度和实效性。

大数据为教师进行大学生心理健康信息的收集提供便利的条件，教师要聚焦以下方面开展数据收集：从数据来源场所上看，大学生心理健康数据来源于校心理健康教育咨询中心、各二级学院、各学生组织或社团、班级、宿舍或家庭等；从数据获取来源对象上看，主要来源于心理健康教育教师、兼职心理咨询师、辅导员、思政课教师、其他学科专任教师、班导师、后勤管理人员、学生干部、学生朋辈和学生家长等；从数据获取途径上看，来源于新老生心理健康普测的数据、学生个体心理咨询档案、新生心理面谈档案、心理危机预警资料库档案、心理课程教学课堂表现记录、辅导员谈心谈话记录，还有各种媒体平台，如学生的QQ、微信和微博等。此外，从心理健康数据获取内容上看：一类是基于大数据记录的数据，如学生出入宿舍时间、饮食习惯购买记录、学习习惯、参加学生活动次数、出行习惯、图书馆出入数据、借书内容记录、借书数量记录、每月消费记录等诸多数据，通过对这些数据进行分析可以了解大学生个人的学习、饮食、生活轨迹与规律；另一类是反映学生心理健康内容的数据，如心理咨询谈话内容、深度辅导谈话内容、团体辅导谈话内容、心理危机评估内容等。因此，在心理育人过程

中，教师要通过多元的途径，获取大学生的各种类型的数据，构建起心理健康数据反馈体系。教师要有多渠道收集心理健康数据的意识，促进心理健康数据的共享、整合、分析和反馈，提高对心理健康数据的利用率。

（2）利用大数据技术开展学生心理健康数据评估和预警

高校要利用大数据技术做心理健康数据分析、整合和评估，形成对学生心理健康状况的整体性分析。翔实的学生心理健康数据能够直观反映大学生的心理动态发展和变化过程，有利于教师从整体上把握大学生的心理特征和特点，为大学生的心理评估和心理干预提供精准的数据支持。当前大学生的心理健康数据都是碎片化的，这不利于对大学生心理健康状况的把握。因此，高校要加强对大学生心理健康数据的整理和整体性分析，利用大数据技术形成对大学生思想、心理和行为的整体上的评估和判断，对大学生的心理健康状况进行准确的研判，及时发现学生身上存在的异常信息或预警指标。当大学生的心理健康指标超出一定范围时，发出相应级别的心理危机预警，教师就要及时进行心理危机介入和干预，这是心理育人要守住的最基本的安全防线。

2.利用 VR 技术和人工智能技术提高心理育人的实效

把 VR 技术应用于高校心理咨询与辅导，可以为学生提供真实的情景再现，提高心理咨询的效率，具有较大的应用前景。虚拟现实技术整合了计算机图形学、视觉成像、身体感觉传感等高科技技术，给来访学生提供真实的、互动和体验式的虚拟场景，让来访学生在身临其境中接受心理咨询与治疗，可用于严重心理问题的咨询，运用在恐怖症、创伤后应激障碍、惊恐障碍等焦虑障碍的心理治疗上，它还能以专业的视角去评估和分析人的心理活动、情绪波动以及心理健康状况。通过构建数据模型，为学生的心理和行为作出分析，将大大提高心理咨询与治疗的实效。

随着高科技发展，人工智能技术越来越多地应用于思想政治教育领域，在心理育人实践中也有广泛的应用。高校可以利用人工智能技术对心理咨询师、辅导员、班导师等进行心理业务培训，以大大提高咨询师的临床心理技能，提高辅导员、班导师等心理育人能力，促进教师专业能力的快速提升。人工智能技术运用于高校心理育人实践是未来发展的趋势。

3.利用融媒体技术打造心理育人的线上空间

高校应积极把心理育人渗透到大学生的生活微空间。搭建线上心理育人体系，是高校心理育人有效应对网络媒体时代新机遇和挑战的必然选择。截至 2020 年 12 月，我国手机网民规模达到 9.86 亿，网民使用手机上网比例达 99.7%。网络对青年的渗透率接近 100%，大学生的网络行为更加凸显，他们有强烈的社交需求，常用微信、QQ 和贴吧等社交工具。高校心理育人要利用大学生对网络媒体的独特的喜爱，把心理育人渗透到大学生的生活微空间，打造线上线下心理育人的同心圆。高校要充分利用网络、广播、微信公众号、App 等媒体资源，利用大学生碎片化时间和网络实时传播、无缝衔接的特点，通过图解、视频、音频等文化传播形式，积极创作以心理育人为主题的微电影、微课堂、微动漫和微公益广告等作品，营造心理育人良好氛围，提高心理育人活动吸引力。例如：利用微博、抖音等媒体平台，制作大学生喜闻乐见的宣传视频，传播心理健康知识等；利用 QQ、E-mail（电子邮件）、微信、微博等建立"一对一"或"一对多"的实时互动交流平台，及时了解学生的心理及情感动态，实现"一对一"或"一对多"的实时交流，为需要求助的学生提供便利服务。高校还可以为学生提供在线心理健康测试，帮助大学生更好地了解自己和认识自己，及时掌握自己的心理健康状况，为心理危机干预提供预警信号。线上心理育人可以从认知和情感上丰富大学生的心理体验，为大学生提供便捷的心理服务，增强教师与学生之间的有效互动，打破心理育人的时空限制，实现心理健康教育资源的共享，提高心理育人的效率。

三、坚持全员参与构建系统化的心理育人运行体系

高校心理育人价值实现是一项系统工程，需要在实践中构建系统化的心理育人运行体系，实现心理育人工作从局部向整体的拓展，由"点"到"面"的结合。恩格斯指出："许多人协作，许多力量融合为一个总的力量，用马克思的话来讲，就产生'新力量'，这种力量和它的单个力量的总和有本质的差别。"高校心理育人价值的实现需要充分发挥系统要素的作用，实现其整体性创新发展，建立起"个体—朋辈—学校—家庭—政府—社会"多元共生的心理育人运行体系。

（一）强化自我教育，促进自我心理和谐

自我教育是一种积极主动、自觉的教育，是心理育人价值实现的重要方面。积极的自我教育，可以促进自我心理和谐，为心理育人价值实现奠定良好的基础。有学者指出："任何理性教育，形象的感染，都是外部的客体，都只有通过主体的心理过程才能达到这样或那样的作用，如果没有主体内心的心理过程发生，任何教育都等于零。"苏联教

育家苏霍姆林斯基（Василий Александрович Сухомлинский）说："促进自我教育才是真正的教育。""唤醒人实行自我教育，按照我的深刻信念，乃是一种真正的教育。"因此，要重视自我教育在促进心理育人价值实现中的作用。自我教育是教育对象在心理育人价值实现的目标指导下，根据教育者的要求和自己的身心发展状况，有目的、有意识、有计划地学习心理健康教育相关知识，做好心理健康调适，塑造积极心理品质，促进心理健康素质提升。当前，随着教育对象主体意识增强，心理育人必须改变以教育者为主体而忽视教育对象主体性的做法，提高个体维护自我心理健康的自觉性，为个体的心理成长提供指引，这是心理育人价值实现的内在动力。

1.提升大学生的自我教育意识

高校心理育人要融入大学生全面发展的过程中，要提高大学生自我教育、自我负责和自我保健的意识。大学生要树立自我教育意识，树立心理健康意识，主动学习心理健康的知识，积极地参加学校组织的各种心理健康自助、互助活动。激发自我教育的动机，教育对象自我教育需求和欲望越强，价值实现的效果才会越好。心理育人价值实现离不开大学生自我觉察和自我成长，激发对自我的心理观照、自我学习和自我管理的意识，只有树立自我教育意识，才能提高大学生自我教育的主动性、积极性和创造性，心理育人价值才能真正地实现。

2.提高大学生改造主观世界的能力

不断提高大学生改造主观世界的能力，增强大学生对自我觉察能力和心理问题的识别能力，提高大学生主动求助意识和自我调适能力，有助于大学生实现自我心理和谐。大学生要善于借鉴中华优秀传统文化中的内省、慎独等"修德修心"思想，提高自我觉察和自我领悟能力，学会对自己不良心理和行为问题的反思，对自己的心理状况有敏锐觉察，通过自省或他人评价来认识自我，发现自己的心理困扰；学会自我心理调适，勇于真正面对自己的内心世界，实现自我接纳和自我成长，提升自我认同感；主动调节自己的情绪，有自我改变的动力，积极地为自己的成长赋能。总之，大学生要在心理育人的实践中提高自己改造主观世界的能力，更好地发挥自己的主观能动性，预防、调适和解决自己的心理问题，促进大学生认知、情感、意志、行为以及人格的完善和协调，从而实现自我内在的心理和谐。

（二）发挥朋辈力量，实现朋辈互助成长

"朋辈"在《现代汉语词典》（第7版）中的释义为"同辈的朋友，泛指朋友"。学生朋辈是心理育人的重要参与力量，是一种学生自我教育的理想途径。苏霍姆林斯基曾说过："只有少年在别人身上看到自己的哪怕是一点点的精神美时，他才会认真教育自己。"朋辈群体年龄相仿、兴趣相近、需求相似，容易产生情感共鸣和价值认同。因此，要挖掘朋辈中蕴含的观察学习、模仿、行为强化和激励的教育力量，引发朋辈之间的心理共鸣，促进心理相容和心理认同，实现朋辈的互助成长，这是促进高校心理育人价值实现的有效途径。

1.挖掘朋辈的主体性，发挥朋辈在心理育人中的作用

目前，高校普遍建立以班级心理委员、宿舍心理信息员为主的朋辈学生心理工作队伍，他们是高校心理育人四级心理危机网络中的重要一级，在心理育人中的作用主要体现在以下三个方面：

一是宣传和普及心理健康知识，在日常学习和生活中，帮助宣传与普及心理健康知识，提高同学的心理健康意识和心理自助能力。

二是组织班级心理健康教育活动，营造良好的班级、宿舍心理健康文化氛围。

三是能够随时关注身边同学的心理动态，容易发现周围存在的心理异常的同学，为其提供必要的朋辈陪伴，向同学提供心理援助信息或是及时向教师汇报心理危机同学的情况。调查发现，有68.7%的学生非常乐意倾听同学的困惑，有86.8%的学生愿意向朋友倾诉自己的烦恼，朋辈陪伴在同学中被接纳的程度较高。

因此，高校要积极发挥朋辈队伍在宣传和普及心理健康知识、发现学生心理危机、倾听陪伴以及积极榜样力量中的作用，探索利用朋辈开展心理育人的方法。朋辈在一定程度上延伸了学校心理育人工作的臂膀，把心理育人工作延伸到大学生的生活场域中，朋辈"自助—助人—互助"的循环机制在心理育人价值实现中发挥着特殊的作用。

2.发挥朋辈榜样力量，创设朋辈教育情景

教师要善于营造和创设朋辈群体的教育情景，形成积极的群体心理效应，利用朋辈身上正向的积极资源和榜样的力量，鼓励他们宣讲自己充满青春正能量的故事，用自己的力量去影响别人。

教师要通过设立朋辈心理榜样为大学生提供鲜活的榜样资源。所建立的多元化的朋辈心理榜样库，可以包括：全面发展的优秀大学生典型、学霸群体学生、家庭经济困难

却勤学励志的学生；有某一方面特长的学生、成长经历突出的学生等。例如：原来患有焦虑症或抑郁症，经过治疗、和病情做斗争后实现病情好转而恢复健康的学生；由于家庭经济困难而感到自卑，经过自己励志奋斗而获得成功的学生等。这些学生身上都蕴含着榜样激励的力量，能够对其他大学生的心理成长产生影响，容易引发群体之间的情感共鸣和示范效应，既能传递出积极励志的正能量，发挥出榜样的示范引领作用，又能产生较好的心理治愈效果，发挥出朋辈的心理育人效应。

3.设计朋辈互助方式，分享朋辈互助体验

高校应设计多元化的朋辈互助方式，发挥朋辈正向的群体效应。在朋辈互助的分享方式上，把网络新媒体（线上）分享形式和面对面（线下）分享形式结合起来，充分利用线上媒体，增加朋辈群体之间的线上互动性和感染力。在朋辈互助的类型上，设计不同的朋辈互助类型。例如，设置入学适应互助型、学习互助型、人际成长互助型、情绪互助型、求职互助型等多种不同朋辈互助类型的小组，不同阶段朋辈互助内容应有所侧重。大学生可以根据不同阶段和具体需求选择不同的朋辈互助类型。例如，在大一，可以侧重选择高年级优秀学生朋辈作为榜样，或者选择在自我成长历程中或帮助他人成长方面的优秀事迹编成朋辈案例并给予推广；可组织新生入学适应互助小组，让大学生尽快适应大学生活。在大二大三，可设立学习互助小组促进同学之间的互相监督和学习，如分享每日单词打卡、每日考研计划、读书心得等，互相鼓励，交流学习的经验；设立情绪互助小组，鼓励大学生分享解压妙招、互为情绪树洞，享受快乐生活，分享生活中的美好事物，互诉心声，互解心结。在大四，设立求职互助型小组，鼓励大学生相互之间分享求职心得，组团组队训练面试技巧等。在不同阶段设立不同的朋辈互助小组，保证朋辈的全过程渗透和陪伴，有助于形成朋辈互助的良好心理成长氛围。

（三）学校协同发力，形成心理育人合力

学校在心理育人价值实现中发挥着主导作用，要完善协同心理育人的机制，形成心理育人合力。高校要树立"三全育人"的工作理念，促进多部门的协同联动，形成"三全育人"视域下高校心理育人价值实现的合力。

1.全员心理育人机制

高校要建立由高校党委统一领导、多元参与、齐抓共管的心理育人全员机制。广义

的全员心理育人包括高校内部的教育者和学生朋辈，还包括家长、校友、社会人士、团体和机构等。狭义的全员心理育人包括高校党政领导干部、辅导员、心理健康教育专职教师、兼职心理咨询师、思想政治理论课教师、其他学科专任教师、班主任、导师、后勤服务人员等组成的心理育人教职工队伍，以及学生朋辈队伍，包括班级心理委员、宿舍心理信息员、学生党员、学生干部、学生心理社团等。心理育人教职工队伍，涉及学校的学工部、研工部、教务处、团委、宣传部、保卫处、财务处、后勤管理处、校医院等不同的机构和部门，要紧紧围绕立德树人使命，树立心理育人的价值理念，明确自己的职责范围和工作任务重点，全面提升政治素养、道德水平和专业胜任力，才能真正地实现心理育人的全员参与。

（1）要明确职责范围，搭建全员参与的联动机制

一是明确职责范围。当前，高校心理健康教育专职教师的心理育人工作职责相对明确，思想政治理论课教师、辅导员、其他学科专任教师、班主任、导师等其他心理育人教职工队伍的心理育人职责相对不清晰。高校应明确其他心理育人教职工在心理育人中的工作职责。

思想政治理论课教师主要是发挥在思想政治理论教学、学生谈心谈话以及心理危机发现与转介中的作用，解答大学生思想、心理困惑，向大学生传递社会正能量。思想政治理论课教师应积极转变教学思维，把培养大学生正确的世界观、人生观和价值观延伸到培养大学生积极的心理品质和健康心态上，不仅需要在课堂上传播积极的正能量，给大学生心灵播撒真善美的种子，更要从思想政治理论课的课堂走向学生宿舍、食堂等其他场所，从课堂的理论讲授拓展到课后的谈心谈话，用自身高尚的人格去影响学生，用自己深厚的理论功底征服学生，努力成为学生所喜爱的好老师。

辅导员是心理育人中最重要的参与力量，高校要全面调动辅导员参与心理育人的积极性。辅导员身处一线，与学生交流和沟通最多，是最了解大学生的教师群体，在心理育人中有天然的优势，应在大学生谈心谈话、心理危机预防与干预、心理育人活动的组织、朋辈心理学生干部任用与管理以及心理健康教育知识宣传上发挥出更大的作用。

其他学科专任教师主要是在学科教学中渗透心理育人工作，探索"课程思政"教学策略。其他学科专任教师需要树立"育人"理念，把对大学生知识培养、心理品质塑造以及价值观引领结合起来，在文化知识教育的过程中培养时代新人，把自己身上积极心态和优良人格品质传递给学生；抓住学生"亲其师、信其道"的心理特点，在

课堂教学、指导课题、科研论文、开展实验研究等过程中，"滴灌式"把正确的世界观、人生观和价值观以及健康的生活方式、健康心态、情感导向等渗透到人才培养的各个环节。

班主任、导师主要通过谈心谈话，围绕大学生学习、生活、成才、就业等方面的现实困扰进行答疑，发挥自身的人格魅力影响学生等。他们还需具备发现和处理学生心理问题的意识和能力，及时发现和转介存在严重心理困扰的学生，让学生能够及时接受专业的心理帮扶。

后勤服务人员更多的是发挥在服务中的心理育人作用，给大学生足够的人文关怀，为大学生提供暖心的服务，在潜移默化中对学生心理成长产生影响。后勤服务人员在心理育人过程中要树立解决心理问题与解决学生实际问题相结合的意识，在服务育人中实现对大学生的答疑释惑和有效引导。当前一些后勤服务人员对自身职责使命的认识存在偏差，片面认为大学生的心理工作是学工部门和辅导员的事情，与自身职责无关，从而弱化服务育人的功能；一些后勤服务人员对自己与学生角色的关系认识存在偏差，在提供服务过程中未能为大学生提供贴心、舒心和暖心的人性化服务。后勤服务人员应在周到、便捷、高效、人性化的服务中体现出心理育人的价值理念。

二是搭建全员参与联动机制。发挥不同心理育人主体的优势，形成心理育人良好格局，建立心理健康教育专职教师、辅导员、思想政治理论课教师、班主任、其他学科专任教师之间的联动机制。相关主管部门应建立起心理健康教育专职教师参与思想政治理论课的教学、参与思想政治理论课教学集体备课的机制，促进教师之间的协同联动。例如，组织其他学科专任教师定期参加课程思政的培训学习和教研活动，通过集体备课、研讨会、科研课题等契机，借鉴思想政治理论课教师、心理健康教育专职教师在相关知识传授和价值引导方面的经验，提升其他学科专任教师的"课程思政"意识，促使他们共同挖掘"课程思政"中的心理育人元素。其他学科专任教师要自觉把立德树人作为教学的首要任务，让课程思政的意识在内心深处扎根，通过教师的言传身教和人格魅力促使大学生健康成长。高校要鼓励思想政治理论课教师、政工干部参与对学生的心理辅导，定期开展谈心谈话，举办针对思想、心理动态的研判会和案例研讨会，建立起双向沟通平台。有条件的高校还应做好心理健康教育专职教师与心理学专任队伍的联动，鼓励心理学专业教师参与心理育人工作，邀请心理学专家开展心理督导，举办心理疑难案例会诊，加强对心理育人工作的专业指导。高校要通过集体备课、案例研讨会、思想-心理研判会等形成固定机制，促进心理育人队伍之间的联动。

（2）提高教师的政治素养和道德水平

高校要不断提高教师的政治素养和道德水平，主要突出在以下几方面：

一是明确教师的时代使命。高校要使教师明白自己的时代使命是成为一名可信、可敬、可靠，乐为、敢为、有为的新时代好教师。教师理应明确时代使命，勇于承担起培养时代新人的重要任务，紧紧围绕新时代使命展开心理育人工作。教师要加强自我修养，勇于承担起育人的重要职责，抓住大学生成长的关键时期，在心理育人各个环节中渗透对大学生价值观的引导，满足大学生成长的需要，塑造大学生的价值观，给学生心灵埋下真善美的种子，努力把大学生培养成身心健康、勇于担负大任、德智体美劳全面发展的时代新人，最终实现立德树人的根本任务。

二是提高教师的政治觉悟和职业道德水平。教师要以"有理想信念、有道德情操、有扎实学识、有仁爱之心"的"四有"好老师为标准，要从"六要"（政治要强、情怀要深、思维要新、视野要广、自律要严、人格要正）和"四有"层面提升自己的政治素养，以习近平新时代中国特色社会主义思想筑牢信仰根基，坚定理想信念，形成高尚的思想境界和道德情操，做学生思想的引路人，维护意识形态安全与稳定，自觉地投入到建设中国特色社会主义事业中。另外，教师要有良好的职业道德，用高尚的师德师风和人格魅力影响学生。"人而无德，行之不远。"教师要为人师表，不断提高职业道德水平，潜心育人，用较高的道德标准来要求自己，以人格魅力感染学生，做一个道德高尚的新时代好老师。

（3）提高教师的专业胜任力

对于高校教师而言，最重要的是要提高心理育人意识和能力。马克思在《关于费尔巴哈的提纲》中指出："教育者本人一定是受教育的。"2018年5月，习近平总书记在北京大学师生座谈会上强调："要坚持教育者先受教育。"一个学校能不能为社会主义建设培养合格的人才，培养德智体美劳全面发展、有社会主义觉悟的有文化的劳动者，关键在教师。教育者先受教育是教育的重要规律，教师要掌握相应心理育人知识与技能，增强育心和育人能力，这是心理育人价值实现的必要条件。调查显示，当前大学生对心理育人的需求和教师的心理育人专业技能不足之间的矛盾比较突出。除心理健康教育专职教师外，辅导员、思想政治理论课教师、其他学科专任教师等普遍缺乏心理学的专业知识和技能，这给全员心理育人工作的有效开展带来阻力。因此，要针对不同教师开展有针对性的学习和培训，完善他们的知识结构。

①心理健康教育专职教师

加强心理健康教育专职教师的育人意识和能力培养十分重要,心理健康教育专职教师不仅要"育心",更要"育人"。

一方面,要加强马克思主义理论学习,提高马克思主义理论素养。大多数心理健康教育专职教师具有心理学专业背景,具有较强的心理学理论功底,但对马克思主义理论和思想政治教育的理论学习略显不足,育人意识相对淡薄。当务之急就是要全面提高心理健康教育专职教师的育人意识和能力。应鼓励他们参加马克思主义理论学习,研读马克思主义经典著作,深入学习贯彻习近平新时代中国特色社会主义思想,自觉用习近平新时代中国特色社会主义思想武装头脑,做学习和实践马克思主义的典范,做为学为人的表率。心理健康教育专职教师还需要了解和掌握思想政治教育的理论知识,了解高校思想政治教育的相关历史、理论和实践,学会灵活地运用马克思主义的基本原理和方法去阐述和解释社会的现实问题。心理健康教育专职教师应系统研读《马克思恩格斯文集》《马克思主义经典著作选读》《毛泽东文选》《邓小平文选》《习近平谈治国理政》等经典文献,系统学习思想政治教育学、中国共产党思想政治教育史、思想政治教育方法论、比较思想政治教育学等相关课程,提高马克思主义理论素养,丰富自己的思想政治教育学科知识体系。只有通过全面系统学习,才能拓宽自己的思想理论视野,为有效开展心理育人奠定深厚的马克思主义理论基础。

另一方面,提高心理咨询技能,提高解决大学生心理问题的能力。心理健康教育专职教师急需增强心理咨询的技能,以及提高解决大学生心理问题的能力。当前,绝大多数高校心理咨询中心挂靠学生工作处,除负责全校心理健康教育工作外,还要承担大量的行政事务,这在很大程度上影响着教师的心理咨询与辅导技能的提升,特别是长期缺乏心理咨询培训和专业督导,阻碍了心理健康教育专职教师心理咨询技能的提升。因此,高校要加强对心理健康教育专职教师的技能培训和心理督导,提高评估心理问题、解决心理问题以及心理危机干预能力,只有这样才能提高心理咨询的实效性。

②其他心理育人教职工队伍

一方面,要掌握谈心谈话技术。谈心谈话是心理育人的重要方法,是心理育人工作者必须掌握的技术。2017年,中共中央、国务院印发的《关于加强和改进新形势下高校思想政治工作的意见》指出:"建立健全校领导、院(系)领导联系师生、谈心谈话制度""加强人文关怀和心理疏导,促进大学生身心和人格健康发展"。

谈心谈话有利于促进教育者与学生之间的深度沟通,增进师生之间的情感联系,有利于从更深层次了解大学生的思想和心理动态。有学者指出，谈心教育不是教育者对学生的简单说教和灌输，而是教育者在遵循学生主体地位基础上的教育引导过程。

可见，谈心谈话要求教师在尊重教育对象的基础上，充分发挥教育对象的主体作用，采用合适的方式对教育对象施加影响，让教育对象在内心深处主动接受教育者的观点。这个过程需要教育者掌握谈心谈话的技巧，主要包括：一是掌握倾听技术和共情技术，耐心倾听学生，给予学生自由表达的空间，保持客观中立的态度不做评判。积极关注学生言语背后的需求，用真诚的态度给予恰当的回应，能够设身处地体会到学生的内心感受。二是掌握提问与复述技术，学会开放式提问和封闭式提问的方式，聚焦和收集学生需求、问题和困扰，采用复述技术对学生的问题及时澄清。三是掌握情感反应技术，引导大学生探索和表达自己的感受并对其情绪情感给予积极的支持。四是掌握情绪处理技术，引导大学生觉察情绪、接纳情绪和处理情绪等。同时，教育者还需要掌握谈心谈话中的基本原则，如平等、尊重、真诚、积极关注等，在遵循原则的基础上与学生进行谈心谈话。当然，教育者还需要详细了解大学生的基本信息，包括大学生的性格特点、家庭情况和心理状态等；要选择合适的谈心谈话时机，营造出一种温暖、放松的氛围，注意保护大学生的隐私，遵守保密原则和职业伦理道德。

另一方面，要掌握心理学等相关知识与技能。辅导员等还需要掌握心理学、教育学等相关的基本专业知识，系统学习普通心理学、青少年发展心理学、教育心理学、学习心理学、健康心理学、临床心理学、思想政治教育心理学、心理测量学等心理学相关主干课程；掌握大学生心理发生和发展规律，熟悉学生的个性心理差异和群体心理特点，研究新形势下大学生的思想和心理动态。此外，心理育人中的团体辅导技术以及心理危机干预与自杀风险评估技能等都是教师必须掌握的基本技能。如今，团体心理辅导的技术被广泛运用到班级建设和团日活动中，教师要掌握相关的班级团体心理辅导设计与实施技术、带领技术、关注技术、倾听技术、反馈技术和引导技术等。大学生的心理危机干预与自杀风险评估技能则包括对学生心理危机识别、早期预防与预警、心理危机的介入以及自杀风险的评估等心理危机干预的技能。

（4）提升教师的心理健康水平和人格魅力

教师的心理健康水平和人格魅力直接影响着心理育人价值实现的成效。实际上，教育者是心理育人价值实现的主体要素，教师是学生心灵成长的导师，其自身的心理素质、一举一动都对学生产生潜在的影响。教师必须具有相对稳定的心理状态，以平和、乐观的心态来对待学生，具备爱心、耐心和责任心，有较强的心理承受力，具备较强的自我心理调适能力。此外，教师的心理健康状况也会对大学生的心理健康产生直接的影响，拥有健康心理和心态有利于构建和谐的师生人际关系，给予学生积极、向上的鼓励和支持，对缓解教师的职业压力，提升教师的职业幸福感和职业成就动机也有积极的影响。教师还要保持高尚的人格魅力。教师要加强自身的人格修养，严于律己，为人师表，以自身的人格魅力实现以"人格"滋养"人格"，以"心"育"心"的心理育人效果。

2.全过程心理育人机制

全过程心理育人是将心理育人贯穿高校教育全过程和学生成长成才的全过程，是一种持续性的心理育人机制。构建全过程心理育人机制就是要树立学生心理成长的全过程理念，把心理育人贯穿到学生发展的不同阶段，针对不同年级、阶段、专业和群体的大学生采用不同的心理育人方法，从知识、能力、价值维度纳入时间轴来设计心理育人工作，着力打造贯穿始终、纵横衔接的大学生全面发展的心理育人链条。

（1）构建"小—中—大"一体化心理育人体系

学生心理成长是一个不断发展的过程，在不同阶段有不同特点和表现，心理育人就是要根据学生心理成长的不同阶段构建起"小—中—大"一体化的心理育人体系。当前中小学心理健康教育得到普遍的重视，心理育人在中小学得到较大的发展。然而，中学和大学的心理育人缺乏有机的衔接。因此，应尽快构建起"小—中—大"一体化的心理育人体系。

一是做好心理育人内容的衔接。应构建具有层次性和系统性的心理育人体系，从心理育人的目标、内容、任务等角度做好衔接，促进心理育人在小学、中学、大学阶段的有序进阶和有效衔接，选择适合学生不同阶段心理发展特点的心理育人内容，在传授心理健康知识的同时把价值观渗透到心理育人的全过程中。

二是做好心理育人档案的衔接。应建立起小学、中学、大学阶段的心理档案的衔接，特别是中学阶段与大学阶段的心理档案的衔接。目前，许多高校对学生入学前的心理档案缺乏了解，未能真正了解学生在入校前的心理健康状况，包括是否具有心理疾病史、心理咨询史、精神问题家族史、服用精神类药物史以及自杀史，这五类问题将影响学生入学后的心理健康状况。因此，高校要收集大学生入学前的心理健康状况的信息，建立学生入学前的心理健康档案。

三是做好大学生心理成长历程的关注。高校心理育人要更加关注学生在校期间心路历程的变化，做好大学生在入学阶段、社会实践、毕业阶段、求职就业等关键时期的心理引导。高校要关注对大学生心理成长具有纪念意义的重要时刻。例如，通过设立大学生心理成长档案卡，及时记录大学生参加运动健身、社会活动、娱乐生活、宿舍活动以及获得奖项等具有心理成长意义的事件。同时，高校要鼓励学生记录对自己心灵成长有负面影响的事件，如自己的失败体验或挫折事件，在分析和反思中获得自我成长。

（2）不同阶段的心理育人工作不断线

教师要根据大学生所处的不同阶段和身心发展特点设计不同主题的心理育人内容，保证心理育人工作不断线。

以辅导员在心理育人中开展职业生涯辅导为例。大学生职业生涯辅导是心理育人内容的重要组成部分。在职业生涯辅导过程中，辅导员应结合学生所处的学业阶段和面临的时代命题，从大学生肩负的使命出发，引导大学生深刻理解个人与国家的休戚与共关系。在大一阶段，辅导员应立足于新生所处的特殊适应阶段，开展新生专业学习教育，为大学生讲解常见的新生入学适应问题以及专业学业指导。在大二阶段，辅导员应开展职业发展方向教育，选取"知己""知彼"两个角度，引导大学生思考"要什么、能做什么、适合做什么"，分析自己的就业方向和所需具备的能力。在大三阶段，辅导员可以"向左走或向右走？"为题，对大三学生进行职业生涯规划选择教育，做好考研辅导。在大四阶段，辅导员应以"用好面试技巧，助力求职就业"等为主题，开展面试前准备、面试礼仪与服饰、面试技巧应对、个人简历制作、求职心理、警惕求职陷阱、预防就业诈骗等培训或讲座助力学生的求职之路。一个心理主题的内容要贯穿大学四年的全过程，在不同的阶段有所侧重，保证心理育人更切合大学生的心理需求，这样才能实现心理育人工作的不断线。

（3）抓住不同时间节点开展心理育人工作

教师要抓住不同时间节点开展心理育人工作。在大学生认知发展的关键期，给予及时干预，因势利导，顺势而为，在不同时间节点将心理育人渗透到大学生发展的全过程中。教师可结合各类节日以及其他特殊的时间节点开展相应的心理育人活动。

教师可以利用"5·25"大学生心理健康教育月、世界精神卫生日、世界睡眠日等契机，开展相关的心理育人系列活动，宣传和普及心理健康知识，或者在清明节、中秋节、重阳节等中华传统节日，开展具有心理意义的主题活动。例如，利用清明节开展以"哀伤"为主题的心理活动，促进大学生表达对亲人的思念，引发大学生对生命意义的思考；利用中秋节开展以"家"为主题的心理沙龙活动，引发大学生对"家"的思考，促进良好亲子关系的建立等。

辅导员还可以利用学生工作的契机开展心理育人工作，如每年的评奖评优、入党、团日班级活动、考风考纪教育、奖助贷的诚信感恩教育、节假日的安全教育等，在关键时间节点深入开展心理育人，找到与心理育人工作的契合点，做到心理育人的无缝对接。

3.全方位心理育人机制

全方位心理育人机制体现在时空维度和资源要素上的全方位融入，最大限度地整合心理育人资源，促进各类的心理育人资源要素的有机融通，实现心理育人在课内与课外、线上与线下、校内与校外的无缝对接和全方位渗透。这里的全方位心理育人主要从整合全方位教育资源要素入手，挖掘课程、科研、文化、服务、资助、管理、组织等育人要素的心理育人资源，探索心理育人如何与"五育"育人体系的全方位融入机制。心理育人与"五育"在教育内容和教育方式上相互包容、交叉渗透、互为补充。"五育"中蕴含丰富的心理育人资源，利用"五育"的契机来开展心理育人，促进各个不同育人体系的相互补充、各个育人要素的有机融合，在"五育"并举的新格局下实现心理育人的全方位渗透，是加快构建"五育并举"教育体系的必然要求。

（1）以德育拓展心育的深度，促进"以德育心"

教师要树立"大德育"视野下心理育人的理念，促进心理育人与其他德育体系的深度融合。心理育人始终贯穿在课程、科研、文化、服务、管理、资助、组织等其他德育体系中。全方位的育人就是要统筹这些育人资源，有机融入心理育人中。心理育人融入德育体系还有较大的探索空间。下面主要从心理育人与资助育人、管理·服务育人、组织育人和科研育人四个层面展开论述。

一是以资助育人拓展心理育人的宽度。高校要促进心理育人与资助育人的融合。大学生资助过程中蕴含心理育人的资源，要促进资助育人质量的提升，把"扶困"与"扶志"结合起来，实现心理育人与资助育人的有机融合，对家庭经济困难大学生的资助需要实现从精准物质帮扶到精准的心理和精神帮扶。心理育人与资助育人的融合可从以下几个方面着手：①做好家庭经济困难大学生心理档案的完善工作，定期对家庭经济困难的学生开展心理评测，整体上把握大学生的心理状况、思想状况、外在行为表现及人格特质，描绘出家庭经济困难学生的群体画像，完善家庭经济困难大学生的心理档案，构建家庭经济困难大学生的心理帮扶体系；②开展家庭经济困难大学生的心理成长辅导，强化一对一的精准心理帮扶，为大学生提供暖心的服务；③重点关注有留守经历、单亲家庭、性格自卑内向、有心理问题和疾病病史的家庭经济困难学生,加强对他们心理和精神上的激励和帮扶,从心理层面引导大学生克服自卑,激发他们努力改善自身生存状态的斗志;④把关注视角从"关注问题"转向"关注优势",培养学生乐观、感恩、自立、坚韧、自强、自立等积极心理品质;⑤要激发家庭经济困难学生的成就动机,提高他们的心理抗逆力,鼓励他们锐意进取,树立远大志向,不断提高他们应对挫折的能力;⑥针对家庭经济困难的大学生容易出现的敏感等心理问题,设计相应的团体心理辅导和素质拓展活动,开展成长训练营、人际交往团体、自信团体等形式多样的活动。

二是以管理·服务育人提升心理育人的温度。教师要把解决实际问题与解决思想问题结合起来,围绕学生、关照学生、服务学生,把握学生成长发展需要,提供靶向服务,增强供给能力,积极帮助学生解决学习中的合理诉求,在关心学生、帮助学生、服务学生中教育学生、引导学生。促进心理育人与管理育人和服务育人相互融合,在管理育人和服务育人中渗透心理育人,不断提升心理育人的温度,是十分必要的。一方面在管理育人中,应制定各类人性化的管理措施,完善管理制度,体现出柔性化的管理过程,在管理目标设置、管理制度的建立以及管理过程中师生交往互动行为关系中都体现出"人文关怀""以生为本"的价值理念,使学校日常的运转有体制、制度和组织上的保障,营造出治理有方、管理到位、风清气正的育人环境,达到润物细无声的心理育人效果。另一方面,服务育人主要是指通过向大学生提供服务的工作方式来达到育人的目的。在服务学生的过程中,教育者的服务态度、情感价值观会对大学生产生潜移默化的影响。服务是一种付出和给予,是一种饱含情感的表达,是一种真正的正能量教育,它有利于教育者接近学生,走近大学生的心灵世界。心理育人过程实质上也是另一种形式上的服务育人,心理育人过程也是服务大学生身心健康,促进大学生成长成才的过程。教师要把服务育人的理念渗透到心理育人中,把解决大学生的现实问题和心理问题结合起来,帮助大学生获得心灵成长和心理支持。实际上,心理育人和服务育人是一致的。英国等西方国家对学生的服务体系中就包含心理咨询与辅导的部分,如英国高校以学生的需求为主导为学生提供发展性服务、保障性服务和信息化服务等。在发展性服务中就包含专门针对学生的学习提升、心理成长、个性养成、生涯发展、就业指导等方面提供的服务,以满足学生成长成才的需要。可以说,心理育人与服务育人、管理育人可以在理念、内容和服务方式上有更多的融合,存在更多可探索的空间。

三是以组织育人提高心理育人的高度。高校利用开展组织育人的契机,有机融入心理育人,把心理育人与组织育人结合起来。通过组织育人活动的开展,引导师生加强党的理论学习，如加强师生的"四史"（党史、新中国史、改革开放史、社会主义发展史）学习，学习伟人风范，弘扬革命精神，提高师生的党性修养和思想道德境界，培养积极向上的人生态度，从而提升师生的心灵境界。同时，高校要以心理育人为切入点，在党组织的建设中融入心理育人的价值理念，把心理咨询服务、团体辅导、素质拓展等形式融入党组织建设，发挥心理育人在党组织中的凝聚人心的作用；以师生党员心理健康水平的提升和心理建设为目标，做好师生党员心态建设，为师生党员提供心理健康服务，开展师生的党员心理疏导、职业心理辅导，做好师生党员的团队建设，开展爱心公益活动，不断增强师生党员的归属感，提升党组织的凝聚力，促进心理育人和组织育人有机融合。

四是以"科研育人"拓展心理育人的广度。新时代教育要重点培养创新型人才，科研是培养大学生创新素质和提升创新能力的重要途径，是高校立德树人的重要载体之一。在科研育人中，学科专任教师、班主任和导师应发挥出更多积极带动和引领作用。它不仅有助于培养大学生严谨的治学精神，激发大学生的创新思维和创造力，促进大学生健全人格的形成和坚韧不拔意志品质的培养，也有利于激发大学生的积极性和创造性，提高大学生的自我效能感，使他们克服畏难情绪和挫败感，树立积极良好的科研心态，把科研优势转化为心理育人优势。高校应建立完备的科研导向和科研评价体系，提高大学生科学研究的意识，组建科研团队，设立科研专项经费，健全科研激励机制，向学生开放科研项目，鼓励大学生参与课题申报，参加科研创新大赛和学科竞赛，全方位营造浓厚的科研氛围，为大学生的科研提供良好的平台。

（2）以智育拓宽心育的广度，促进"以智育心"

智育是教师向学生传授科学文化知识和技能的教育活动，它广泛地渗透在各个学科的教学中。智育对心理育人的促进作用是通过"课程思政"表现出来的，它将大大拓展心理育人的广度。

一方面，智育有利于促进个体心理健康的发展。各种智育活动可以促进个体认知、情绪、行为、意志等个性心理发展。学校对个体进行系统的知识传授能让个体更好地认知世界，以积极的视角看待世界。智育活动中的知识传授在一定程度上可以丰富个体心理健康知识，使学生学会调适自己的心理，从而为学生心理健康和促进学生的成长提供可能性。

另一方面，智育有利于促进个体的社会化和人格发展。智育活动中的社会实践在促进学生提高知识技能的同时，可以大大促进个体社会化和人格发展。智育活动可以创造师生的交往空间，更好地做到以情化人、以情育人，促进教育者与教育对象以及教育对象之间的互动和交流，构建起有效的人际互动模式，让育人回归现实的生活世界，促进智育转化为心育。

（3）以体育提升心育的效果，促进"以体健心"

体育具有增进身心健康和促进心理调节的重要价值。体育可以提高身体抵抗力，调节人体运动中枢神经，缓解和消除个体大脑疲劳，有利于提高脑力劳动的效率，使个体的注意力、记忆力、观察力、想象力和思维能力等得到发展，让个体形成积极健康的身心状态，为学生的学习和生活提供重要的基础性保障。体育还有利于培养学生的竞争意识、耐力和意志力，增强团体凝聚力和社会适应能力；培养个体的自尊心、自信心，使个体养成团结协作、开拓进取、顽强拼搏、自强不息、乐观开朗的良好个性心理品质和精神风貌；使个体获得良好的人际交往体验，感受着成功与失败、勇敢与胆怯、快乐与痛苦、优势与劣势等多种心理体验，对提高个体认识生活、认识社会的能力，推动个体社会化进程等具有重要作用，在锻炼大学生身体的同时促进大学生心理发展，全面提升大学生的身心健康素质。毛泽东在《体育之研究》中指出："体育之效，至于强筋骨，因而增知识，因而调感情，因而强意志。"因此，高校要利用好体育的活动形式，鼓励大学生多参加各种类型的体育活动，结合大学生的兴趣爱好，组织不同的体育运动项目社团，满足大学生多元化的需求。如设立滑轮协会、滑板协会、各类球协会、瑜伽协会、太极拳协会、健美操协会等，以大学生社团为依托，开展形式多样的日常训练和活动，让大学生在丰富多彩的体育活动中提升自己的身心素质。此外，高校还可以在一些校园文化活动中开展相关的活动，如举行大学生运动打卡活动，举办大学生趣味心理运动会，通过这些体育活动锻炼大学生的意志品质，将大大提高大学生的心理健康水平。

（4）以美育丰富心育的形式，促进"以美润心"

蔡元培先生曾指出："美育之目的在于陶冶活泼敏锐之性灵,养成高尚纯洁之人格。"美育具有塑造美好心灵和高尚人格的价值，它有利于帮助学生掌握审美知识，培养学生的审美能力。塑造学生积极向上的审美情趣、审美态度和审美观念，可以促使学生学会用美的态度去对待生活、自然、社会、他人和自己，提升自己的心灵美。美育还有利于发展大学生对美的感知能力、形象思维和创造性思维，塑造大学生美的人格。美育对心理育人的价值还体现在其"心理治疗"上，运用视觉艺术中的方法和技术可以使学生更好地进行情绪表达，有利于大学生的心理疗愈。

高校应利用美育丰富多彩的形式，满足大学生日益强烈的审美心理需求，以其创造力、亲和力和感染力影响大学生的心灵成长，塑造大学生"美"的人格。例如，高校可以举办画展或比赛，开设山水画课程，让大学生在接受美育的同时，修养身心，陶冶情操，启迪心灵，让他们的身心得以放松，提升大学生发现美、感知美和创造美的能力。事实上，绘画具有重要的心理治疗意义，高校可以通过举办心理漫画大赛、心理涂鸦大赛等校园心理文化活动，让大学生在绘画中学会释放情绪、缓解压力，在绘画中学会表达、化解困惑，在绘画中提高自己发现美和欣赏美的能力，从而获得美的享受。

（5）以劳育增加心育的厚度，促进"以劳强心"

劳动教育中蕴含丰富的心理育人资源，劳动教育具有塑造人格、促进身心健康、磨炼意志品质的心理育人功能，有利于拓展心理育人价值实现的路径。高校要积极探索在劳动教育中实现心理育人的路径，利用劳动教育丰富的活动形式来增加心育的厚度。高校要鼓励大学生参加各种类型的劳动实践活动，走进社区、企业、部队、乡村，投身伟大的社会实践，在劳动中获取真知，磨炼自己的意志品质。高校可邀请劳模代表、杰出校友结合自身的学习、生活和工作经历，通过主题讲座、沙龙等形式，为大学生诠释劳动精神、工匠精神，以自身的成长经验促进大学生心智的成熟，对大学生起到榜样激励的作用。专业课程教师要注重在课堂教学、实验设计、自我学习等教育环节上的指导，鼓励大学生通过付出辛勤劳动，掌握更多的专业本领，在刻苦学习过程中不断完善自我、塑造自己，形成自信、自律的心理素质。高校还可以把大学生的自我服务体验和集体劳动体验结合起来，提升大学生的自我管理和自我服务能力。例如，定期举办宿舍卫生评比、校园环境劳动等集体性劳动，通过有汗水、有疲乏的体力劳动，使大学生获得克服困难的坚强意志，发挥劳动在促进大学生心理成长方面的作用，从而促进心理育人价值的实现。

（四）开展家庭教育，促进家校联动合作

家庭是最早影响学生成长的场所，家庭对学生品德修养形成、健全人格培养、健康心理发展以及正确价值观塑造意义重大。恩格斯认为，一定历史时期和一定地区内的人们生活于一定社会制度下，受着两种生产的制约：一方面受劳动的发展阶段的制约，另一方面受家庭的发展阶段的制约。可见，家庭在学生一生成长中的作用举足轻重。

家庭中父母的教育方式、家风等对学生心理成长影响深远。父母要重视家风建设、家庭美德教育，营造良好的家庭教育和成长氛围，为个体健康成长提供良好心理氛围，为高校心理育人价值实现提供良好的家庭心理环境。

1.父母要重视家风，奠定心理育人的家庭精神基因

父母要重视家风建设，弘扬中华优秀家庭美德，筑牢新时代心理育人的家庭根基。家风的心理育人价值体现在对学生理想信念形成、道德人格塑造、健康心灵涵养、正确价值观树立以及积极行为激励上。良好家风将全方位地影响学生成长成才。

重视家风教育，要注重利用中华优秀家风文化、红色家风及新时代家风观来引领家庭教育。

中华优秀家风作为中华优秀传统文化的重要组成部分，涉及修德养性的修身之道、友善睦邻的处世之法以及勤俭孝悌的治家之法等，它奠定了个体修德修心的道德基础，规定着个体道德品德和行为规范的日常养成。

红色家风是老一辈无产阶级革命家教育家人的理念和方法，展现了革命家庭积极的精神风貌，是引导家庭成员坚定理想信念，严格自律，树立家国情怀，培养革命乐观主义精神，养成良好精神状态的重要文化基因。红色家风对个体形成坚强乐观、自律自强、积极向上、追求远大理想的心理品格具有重要的价值。

新时代家风体现家庭成员相亲相爱的真挚情感、深蕴向上向善的道德取向。"爱"是人类最为珍贵的情感，是维护家庭和社会和谐的情感的基石；人性中至善至爱的情感深根于家庭，这就要求在家庭中培养学生感受爱、学会爱和培养爱的能力，实现爱自己、爱他人、爱家乡、爱祖国的统一。

可见，优秀家风是引领家庭教育的重要思想资源，父母要把握优秀家风的思想精髓，采用知识传授和日常生活场景教育，亲情感化和严格家规等方法，通过家书、家规、家训、诗词、实物传承等载体，采用灵活多样的家风教化方法教育学生，形成自己家庭独特的教育方法，为高校心理育人价值的实现奠定良好基础。

2.父母要树立心理育人意识，关心关爱学生的心理健康成长

当前，相当一部分大学生心理问题的产生源于不恰当的家庭教育方式，一些学生在成长的过程中缺乏必要的心理关爱，早期童年经历给学生造成了不可逆转的成长性创伤。2016年12月，习近平总书记在北京会见第一届全国文明家庭代表时指出："家庭是人生的第一个课堂，父母是孩子的第一任老师。"父母的人格特点、品德修养、沟通态度、情绪情感等都是重要的心理育人元素。因此，父母要树立心理育人的意识，学会用心理育人的视角来教育学生，以人文关怀的精神理念，关注学生的情感、思想、精神方面的内在需求，为学生提供更多的关爱、鼓励、信任和心理支持；促进家庭成员之间的相互沟通与情感传递，对学生的内心世界给予更多关注、理解与接纳。父母给予子女更多的理解和支持，建立起有效的亲子沟通模式，与子女共同面对问题、分析问题和解决问题，才能真正地促进学生身心健康成长。当然，父母要不断学习先进的家庭教育理念和方法，促进自我成长，提高自己的文化修养和素质，参加家庭教育方面的相关讲座和培训，学会应用心理学的知识加强对学生的心理疏导，掌握亲子沟通的方法与技术，给学生有质量的陪伴和有效引导，这样才能关心关爱学生的心理健康与人格成长，最大限度地发挥出父母在心理育人中的作用。

3.高校要积极推进心理育人的家校合作，完善家校沟通机制

高校要积极建立家校沟通合作机制，促进心理育人的家校协同合作。高校应深入家庭开展心理育人宣传与教育，针对学生家长职业多元、学历层次不同以及分布地域广泛的特点，利用多种平台，本着全过程、多元化和渗透式的理念，积极打造以家庭心理育人为主题的新媒体平台，利用微信、微博、短视频等形式为家长普及心理育人的知识，增强家长心理育人的意识，让家庭心理育人观念深入家长心中，使家庭真正成为能够影响学生成长的重要场所。高校应面向不同类型的学生家长构建三个层面的家校协同心理育人机制：

第一层面面向全体家长。高校应面向全体家长开展预防性教育，抓住新生入学契机，通过开展家庭心理育人讲座和新生家长心理座谈会等形式，向家长宣传和普及心理健康常识，加强普法宣传和家校协作技能培训，提高家长的心理育人意识和家校沟通意识；建立高校—家庭双向沟通机制，在学校层面开通家长心理咨询热线，搭建家校沟通平台；建立学生学业预警和心理问题预警机制，及时把大学生的在校心理状况与父母沟通；建立学生家长微信群或工作群，及时把大学生在校的学习、工作和生活的情况跟家长沟通；邀请家长参加学校举办的各种活动，增加家长对学校的认同感和归属感；向家长发放调查问卷，建立大学生家庭心理档案，了解大学生的家庭情况以及在家时的心理健康状况，了解大学生有无精神疾病史、心理咨询史和服用精神类药物史以及自杀史等。高校还应利用学校开放日、新生开学典礼、毕业典礼等契机，通过"致父母的一封信"或是辅导员家访等活动和形式，真正建立起家校之间沟通与合作的纽带，把心理育人理念和方法渗透和延伸到家庭中。

第二层面针对有一般心理问题学生的家长。高校应该建立特殊大学生家校沟通机

制。针对有一般心理问题的学生，建议辅导员与学生家长定期沟通，及时把学生在学校里的思想、心理、学习、生活状况反馈给家长；教授家长与学生沟通的方法和技巧，引导家长增加亲子情感沟通和联系，给学生足够的关心和关爱；建立家校联系机制，做到及时跟踪和反馈，深入沟通和探讨解决学生心理问题的策略。

第三层面针对有严重心理问题学生的家长。高校要完善心理危机干预中的家校协同联动，针对有严重心理问题的学生，应立即通知家长到校履行监护责任；共同商讨应对学生心理问题的方法，做好与学生家长的沟通；采取休学治疗、父母陪读等方式，促进家长履行监护职责；做好学生家长心理疏导，最大限度地获得学生家长的信任与支持，营造出良好的家校协作氛围；对于不配合的家长，高校应采取积极有效的措施，必要时可通过法律的手段解决问题。

（五）发挥政府和社会的力量，营造良好社会心理氛围

高校心理育人价值实现要运用系统性思维，从整体上统筹协同推进，体现与社区、社会组织和政府部门的多方联动。2016 年，我国 22 个部门联合印发的《关于加强心理健康服务的指导意见》明确提出："各级政府及有关部门要发挥社会组织和社会工作者在婚姻家庭、邻里关系、矫治帮扶、心理疏导等服务方面的优势，进一步完善社区、社会组织、社会工作者三社联动机制，通过购买服务等形式引导社会组织、社会工作者、志愿者积极参与心理健康服务，为贫困弱势群体和经历重大生活变故群体提供心理健康服务。"因此，高校心理育人价值的实现，要形成一个包括政府和社会在内的合作联盟，发挥政府、科研机构、专科医院、社区、工会、共青团、妇联等在高校心理育人价值实现中的作用。

1.依靠政府力量推动，加快构建社会心理服务体系

社会心理服务作为政府公共服务的组成部分，是创新社会治理的重要方面。近年来，高校大学生心理问题频发，大学生本身就是社会心理服务的重要对象，以政府力量推动社会心理服务体系的建设可以为高校心理育人提供重要保障，助推高校心理育人价值的实现。

（1）建立多层次的社会心理疏导机制

现代社会中普遍存在的焦虑、烦躁、怨恨、愤怒、冷漠等负面社会情绪是社会治理的绊脚石。政府要重视民众的心理状况，把握不同民众的态度、思想情感及心态倾向，

及时解决社会心理冲突，消除社会心理障碍。政府要建立起规范有效、多层次的社会心理疏导机制，帮助个体疏导负面的情绪，维护社会和谐与稳定。政府要搭建民意表达诉求的平台和机制，满足民众多样化的利益诉求，还要健全公平、公正的矛盾调适与权益保障平台，使民众的问题和矛盾都能得到及时的反馈，心理困扰都能得到有效的疏导，只有这样才能有效预防和化解各类社会矛盾。

（2）全方位促进社会心理服务体系建设

社会心理服务体系作为培育良好社会心态的社会公共服务体系，有利于减少社会心理应激事件，减轻社会治安防控体系的压力，在一定程度上可以缓解社会矛盾，增强社会治理的效能。政府要从加大科普宣传的力度、重视开展心理危机干预、拓展心理咨询服务、促进心理服务专业人才的培养、加快心理学基础研究等方面加强社会心理服务体系建设，建构起一个从预防、治疗到康复的全过程的社会心理服务体系，满足社会不同群体的心理需求，提供多元多样化心理服务。政府还要重视社会特殊人群的心理健康服务，加强对留守儿童、空巢老人等特殊的弱势人群的心理服务，确保社会不同群体都能得到有效的心理疏导和心理帮扶。同时，政府应加强对社会心理服务体系的监管力度。当前各地区社会心理服务体系建设状况参差不齐，存在一定的市场乱象。建议由卫生健康委员会、教育厅、民政厅、工商局等部门联合加强对社会心理咨询机构的监管，从人员学历、资质、收费等方面加大对社会心理服务机构的监管力度，从而提高社会心理服务的质量。

（3）加快社会心态治理的法治化进程，以"法治"促进"心治"

法律是社会制度的重要组成部分，是人民意志的集中体现。完善国家的法律法规，实现依法治国是社会心态治理的重要路径。当前相当一部分人的法治观念淡薄，出现我行我素、功利心态、浮躁心态、侥幸心理，甚至缺乏对法律的敬畏心理，因心态失衡而置法律不顾做出报复社会、危害社会等不良社会行为，这些现象的产生在一定程度上与国家法律制度不够健全、惩罚不够严厉等因素有关。为减少和消除这些现象，可以从以下两方面重点着手：

一是建立法治化的社会治理体系，善用"法治"来规约人的社会心态。法治对人的心态具有约束力，利用法治力量来调节人的心态要在法治建设上下功夫。加强国家层面的法治建设，以法律来规约人，能够促使形成正确的社会行为规范，对人的心态起到重要的引导作用。严厉的规章制度和法律规约对人的心态和行为具有强大的调节和约束作用，引导着人们往积极、向善的方面发展，从而促进社会心态的治理。在社会治理过程中，要运用法治思维和法律手段解决社会发展的矛盾和问题，引导人们形成"人人依法办事，人人遵纪守法"的良好氛围，营造公平公正的法律氛围，依法解决和处理日常生活中的利益纠纷或矛盾冲突；利用社会规则和法治氛围形成的公平公正的社会环境，增强人们的安全感、幸福感和获得感，预防和减少个体产生的各种不良心态，发挥法治在整个社会治理中的作用，从而为社会心态的治理提供重要的法律保障。

二是加快心理咨询相关法律的制定，使心理育人具有法律保障。当前，我国在心理咨询领域存在法律空缺，除《中华人民共和国精神卫生法》为高校心理育人提供一定的法律依据外，法律条款在心理健康教育与心理咨询领域还鲜有涉及。对心理咨询师、相关机构及来访者等缺乏立法保护，缺乏行业规范的约束和立法规制。许多从事心理健康教育与心理咨询的人员法律意识淡薄，在心理咨询中存在被来访者投诉等各种法律风险。国家应制定相应的法律条款给予规范，就心理咨询中常见的知情同意权、保密及隐私权等作出明确的规定，将社会心理服务体系纳入法治化轨道中，制定出具有法律效力的解决方案。总之，要以"法治"促进"心治"，为创新社会治理以及社会心态的治理提供法律制度支持，为高校心理育人价值的实现提供法治保障。

2.营造良好的社会心理氛围，创设向善向上的社会环境

社会对大学生心理健康以及心态养成具有深远影响，是心理育人价值实现的重要影响因素。社会心理环境是对社会生活主体的心理活动发挥着实际影响的社会生活环境，良好的社会心理氛围和向善向上的社会环境对个体心理是一种无形的驱动力。政府应加强正面宣传，从营造良好的社会舆论氛围和道德氛围入手，全面加强对社会心理引导，以优化社会心理氛围。

（1）加强正面舆论宣传，营造良好的社会舆论氛围

在马克思看来，舆论是社会关系中一种"普遍的、隐蔽的和强制的力量"，它反映"公众心理的一般状态"。2018 年 8 月，习近平在全国宣传思想工作会议上强调："要把握正确舆论导向，提高新闻舆论传播力、引导力、影响力、公信力，巩固壮大主流思想舆论。"事实证明，在社会舆论环境中汇聚着的社会民众的各种不同看法，对个体的思想、心理和行为会产生深刻影响，社会舆论方向正确与否在很大程度上影响着心理育人价值实现的外部环境。正确的社会舆论引导社会心态朝着积极、健康的方向发展；错误的社会舆论容易引发人们的认知偏差，带来群体极化的反应，产生消极的社会心态。

因此，必须提高新时代社会舆论引导力，坚持及时提供更多真实客观、观点鲜明的信息内容，牢牢掌握舆论场主动权和主导权；通过传播社会主流意识形态和社会积极向

上的舆论信息，鼓舞人们的斗志，增强人们的民族自信心和自豪感，用正确的社会舆论导向凝聚人心，传播积极向上的正能量。此外，网络会给大学生的思想、心理和行为带来双重影响。政府要建立网络舆情监管机制，及时消除负面的舆情和舆论，提供安全、和谐的网络环境；提高网络治理能力，加强网络治理体系建设，强化社会化的管理和引导，加强对网络媒体的综合治理力度，运用法律手段来规范网络媒体行为，利用《中华人民共和国网络安全法》来规范网民的网络行为，进行网络治理，从而营造出清朗有序的网络媒体空间，为心理育人价值实现提供良好的外部环境。

（2）以明德引领道德风尚，营造良好的社会道德氛围

积极、健康和文明的社会文化环境能使人坚定信念、积极向上，有助于个体形成良好的思想品质和健康心态。政府要构建以人为本的社会文化环境，培育健康和谐的社会风气，形成良好的社会道德风尚，涵育公民的美德善行，从而推动社会和谐有序运转。高校心理育人价值实现需要营造出良好的社会道德环境。道德环境是人们生活的精神空间，它影响着社会道德主体的社会认知、社会评价、社会情绪感受以及社会价值观，从而影响着人们社会心理的形成。

政府要在社会范围内营造出讲文明、树新风、明明德的良好道德氛围。以先进模范引领示范作用，在全社会倡导立德向善的行为，让大学生能够浸润在向上向善的道德风气中。加强社会公德、职业道德、家庭美德、个人品德的教育，深入开展群众性的精神文明创建活动，宣传道德模范的先进事迹，引导人们自觉履行法定义务、社会责任和家庭责任，形成知荣辱、讲正气、爱奉献、促和谐的良好道德风尚。要不断地完善惩恶扬善机制，大力宣传美德善举，加大对失信、失德和失范行为的曝光和处罚力度，在社会范围内形成风清气正的良好道德氛围。

要打造健康向上的精神文化产品。2019 年，习近平总书记看望了参加全国政协十三届二次会议的文化艺术界、社会科学界委员，参加了联组会，并寄语广大文化文艺工作者、哲学社会科学工作者："要坚持用明德引领风尚。"健康向上的精神文化产品能够对大学生的思想意识、道德修养和价值选择产生重要的影响，塑造大学生的灵魂，感化大学生的心灵，陶冶大学生的情操。因此，要打造健康向上的精神文化产品，以社会主义核心价值观引领群众性的精神文化活动，以健康向上的精神文化活动来传递真善美，为大学生提供丰厚的精神食粮，传播正能量，为促进心理育人价值实现提供良好的道德氛围。

第四章　高校心理育人模式

高校心理育人工作对于解决大学生心理健康问题和完善思想政治工作体系具有重要作用，而科学准确的模式是有效开展心理育人的重要前提，健全完善的心理育人工作体系是确保高校心理育人工作规范、有序、高效、实用的根本保证。如何从传统的长久开展的思想政治教育工作中剥离出来，与思想政治工作相辅相成并形成自身独特的专业性和全员性的工作体系，仍然是摆在所有高校心理育人工作者面前的重要课题。因为工作对象的专业背景、地域差别，学校的文化特色都不尽相同，各高校开展心理育人工作的起点、风格、定位也是千差万别，可以说各个学校都有各自的工作规律和特点。因此，高校心理育人模式和体系势必是无法完全照搬照抄的，而应是从各自的工作实践中摸索提炼而来的。不过高校心理育人发展至今，许多共性的和规律性的东西依然可以相对统一，相互借鉴。

第一节　高校心理育人模式的概念与分类

不同的模式可以对应不同的体系，同一体系也可以包含不同的模式。要构建高校心理育人体系，对模式进行研究是十分必要的。

一、高校心理育人模式的概念

所谓模式，其实就是解决某一类问题的方法论。也就是说，把解决某类问题的方法总结归纳到理论高度，就是模式。模式是一种指导。一个良好的指导有助于我们得到解决问题的最佳办法，完成任务，达到事半功倍的效果。学校心理育人模式是指在现代教育理论指导下，为实现学校素质教育的总目标而建立的一种心理教育合理的结构和程序，或总结实施心理教育的经验。

当前，高校心理育人模式构建主要有三种取向：一是医学模式取向；二是教育发展型模式取向；三是教育综合型模式取向。我国早期心理咨询和西方心理咨询服务基本属于医学模式取向，现在我国高校心理育人模式多为后两种取向。教育发展型模式取向以所有人群，特别是健康的正常人为主要服务对象，不以消除症状为首要目标，而以促进来访者的成长、发展和潜能开发为宗旨，强调发展和教育。20世纪90年代以来，这种模式取向在高校颇有市场。

高校大学生心理育人模式是心理育人从经验层次向科学层次发展的标志，是体现高校心理育人思想、目标导向，促进其教育功能发挥的操作思路，它既是实践的产物同时又指导实践。

二、高校心理育人模式的分类

高校心理育人模式有很多，例如：按服务对象和目标不同，高校心理育人模式可以分为矫治模式和发展模式；按课程不同，高校心理育人模式可以分为学科课程模式、活动课程模式；按教育的切入点不同，高校心理育人模式可以分为专门机构协调管理模式、心理-德育结合模式和学科教学渗透模式；按实施者的偏好及学生的具体情况，高校心理育人模式可以分为心理分析模式、来访者中心模式、行为模式和认知模式。每一种模式都有其适应性和局限性。

目前，理论界和实践界都认识到有效的大学生心理育人模式是多种模式的融合。采用有效的心理育人模式是社会发展的需要，是大学生成才的需要，是大学生形成良好人格的需要，是大学生身心健康和自我实现的需要。有学者提出了大学生心理育人的发展模式，主要是以课堂教育、课外活动、个别团体咨询、校园心理文化建设和课题研究五个方面有机结合的心理育人模式。这属于大学生心理育人的一般模式，还有一些比较特殊的模式，如"本体-载体双赢"模式，即通过载体目标实现，来引导学生内化心理育人的理论、外化个体心理素质，从而实现心理育人的目标，最终达到本体和载体双赢，发挥心理育人深层效益的目的。此外，还有学者研究了大学生当中"弱势群体"的心理育人模式。

第二节　基于"四结合"的
"五位一体"心理育人模式

一、基于"四结合"的"五位一体"心理育人模式的目标

基于"四结合"的"五位一体"心理育人模式的目标应该包括三个层次：具体目标、中间目标和终极目标。具体目标是针对个体各种具体的心理健康因素进行培养；中间目标是协调各种心理健康因素的发展，促进个体心理健康的发展；终极目标是在良好心理健康教育基础上，促使个体全面、协调而健康地发展。

二、基于"四结合"的"五位一体"心理育人模式的相关概念

（一）"四结合"的含义

所谓"四结合"，是指以正向心理培养与心理素质拓展活动相结合、心理问题预防治疗与危机干预相结合、心理育人与思想政治教育相结合、科学指导与深层研究相结合。这四个方面表明高校心理育人的高层建设以正向心理培养为出发点，以心理素质拓展活动为载体，以实现终极目标；通过心理育人与思想政治教育相结合、科学指导与深层研究相结合等形式协调大多数学生心理健康因素的发展，促进其心理健康的发展，达成中间目标；通过心理问题预防治疗与危机干预相结合、关注少数学生的心理问题和危机、发挥心理育人补救功能，实现具体目标。

（一）"五位一体"的含义

"五位一体"的含义可以从工作队伍和教育途径两个方面进行分析。

第一，从工作队伍的角度分析，就是要形成以学校领导小组为统领，以专兼职教师为核心，以院系辅导员、宿舍管理员为骨干，以学生社团、学生干部为基础，以学生及家长为依托，分工协作、齐抓共管"五位一体"的大学生心理育人"五级网络体系"。

第二，从教育途径的角度分析，"五位一体"就是指通过开设心理育人课程，充分发挥课堂教学主渠道作用，帮助学生正确认识心理发展规律，掌握必备的心理健康知识；通过开展形式多样、丰富多彩的心理健康教育活动，促使学生提高综合素质、实现全面协调发展；通过开展心理教育指导、面谈咨询、电话咨询、团体辅导等形式，为学生提供及时、快捷、有效的服务；通过建立心理健康教育网站发挥网络资源优势，搭建集网上教育、网上测试、网上咨询等多种功能于一体的心理育人互动新平台；通过开展心理测评工作，充分发挥心理测量工具的辅助作用，开展新生的心理健康普查，帮助学生更好地认识自己，提供个性、职业、人际、学习等心理测评服务，为协助学校的教育管理提供科学的数据参考。

三、实施基于"四结合"的"五位一体"心理育人模式的具体思路

思路一：工作机制上必须专人专管，还要全员共管以形成网络体系。心理育人工作应当是持续、稳定、可信的，确保无论学生在何时何地有求助需要，都能得到及时的帮助和支持，这就需要专人专管。全员共管就是需要宿舍、班级、院系、校级形成网络体系，逐级监控管理并开展教育活动，实现预防、干预、管理一体化的工作机制。

思路二：工作对象上必须立足正向、面对大多数的正常群体，预防和干预少数异常个体，解决阶段性的普遍问题。心理育人工作不能简单混同于心理咨询，它的内涵更宽泛、更深远，工作的重心应当是通过解决阶段性的普遍问题来帮助大多数正常群体的心理成长。

思路三：工作手段上必须是多渠道的综合运用。所谓一把钥匙开一把锁，没有一种方法能让所有人都产生共鸣，特别是心理工作。在工作手段方面，必须是全面开花，灵活运用咨询、团辅、素质拓展等手段。

思路四：工作理念上必须是务求实效，避免急功近利。高校心理育人工作的特殊性在于，它是"润物细无声"的过程，急功近利是无法实现各级目标的。

四、基于"四结合"的"五位一体"心理育人模式的工作底线

维护学生的心理安全，预防和干预心理危机事件的发生是基于"四结合"的"五位一体"心理育人模式的工作底线，也是每个心理育人工作者的基本职责。

维护心理安全首先需要机制完善的网络工作体系。心理安全工作，特别是心理危机预防和干预，是一个全员的工作，绝不仅仅是某一个机构或者某一个群体就可以承担的。因此，完善的网络工作体系是基本的安全网。第一层是校党委，负责统筹和指挥；第二层是心理中心，承担专业指导任务；第三层是宣传部、学生处、团委、教务处、各院系辅导室、校医院等部门，负责相关配套工作；第四层是班级心理委员和心理互助小组，负责发现、传递信息。由这四层结构搭建形成的网络工作体系可以基本把学生的心理安全信息畅通流动起来，形成有效的联动机制。

有针对性地制定校园心理危机干预和应激管理办法是制度和工作程序上的保证。高校应提前将重性精神病、神经症、有危机史和应激事件的学生纳入"重点对象预警系统"，启动网络工作监控和管理体系在适当范围内对其进行监控。在日常生活中，网络体系逐级向上负责，从发现、预防、监控都应有联动，保证信息通畅。

五、基于"四结合"的"五位一体"心理育人模式的工作重点

（一）关注个别心理异常学生的心理健康

关注个别心理异常学生的心理健康是基于"四结合"的"五位一体"心理育人模式的工作重点之一。

首先是普查发现，即在新生入校两个月适应期过后就要及时地普查筛选，目的是筛查两类学生：一是高中或以前就有病史和经历的学生；二是入学后出现适应问题的学生。这两类学生群体一般有人格异常且容易出现心理问题。

其次是追访确认，对所有测量样本都要进行筛选，建立档案；对异常样本要进行分类整理，按程度从重到轻逐一邀约追访，以剔除因对量表理解偏差等因素而出现的异常样本；对问题要进行核实，对学生的心理现实状态进行进一步评估和确认。

最后是建档跟踪，对确有问题的学生进行个案建档，连续跟踪指导；对学生大学四

年的学习给予支持性辅导，在发生变化时立刻与所在院系和家长及医学机构取得联系，形成支持系统，扶助学生完成学业，适应社会需要。

（二）促进正常学生的心理发展

基于"四结合"的"五位一体"心理育人模式的工作重点还应着眼于正常学生的心理发展。比如：在新生中开设心理育人课，使其树立心理健康理念；在新生入学后一周开展新生适应性团队训练，推出心理素质拓展训练营，打造精英团队，对心理委员和团干部开展主题团队训练；对毕业生进行职业规划和求职团辅；等等。

关注正常学生的心理发展，多渠道、多方式地开展积极、健康向上的活动给学生以正面引导。在传统团队训练的基础上，可分以下六个层次开展团队辅导：

第一层，普及性团辅。如何让每一个学生都了解心理健康的重要性，了解心理育人工作的开展情况，懂得如何求助、向谁求助、到哪里求助，进而增大辅导面是一个重要问题。因此，寻找能够广泛而有效地普及心理健康教育科学知识，宣传心理咨询工作，传播健康新概念的载体是关键。普及性团辅可以有两种形式：一种是针对新生推出大型师生交流会，策划系列精品活动，打造特色品牌活动，通过这些活动解疑释惑，挖掘潜能，提升心理素质，把"关注心灵，超越自我，完善人格，和谐成长"的理念传播给每一个学生，与全体大学生携手前行；另一种是为新生举办以适应为主题的团体心理育人，使其尽快熟悉环境，促进其融入集体，促进班级概念的建立和形成，同时宣传心理育人工作。

第二层，专项性团辅。针对心理委员开展工作技能训练，对团干部进行领导能力团队训练，对心理辅导员进行心理危机识别与评估训练等。

第三层，辅导性团辅。开展大学生生活适应训练、人际交往技巧训练、成功心理训练、就业前的心理训练等辅导性团队辅导。

第四层，提升性团辅。建设大学生心理素质拓展训练营，打造精英团队。打造精英团队要以实现"一个人影响一个班，一个团队感染一个系"为目的。训练营的成员经过团辅大多成长为院系学生会的干事、班级委员，在各类群体和活动中成为骨干力量。

第五层，兴趣性团辅。发展学生组织，指导并成立心理协会，广泛吸纳会员，让协会的每一个学生都能用热情影响周围的人，实现辐射效应。

第六层，管理性团辅。进行班级心理委员队伍的管理与培训，在实现管理目标的同时，也使得这些学生个人得到提升。

六、实施基于"四结合"的"五位一体"心理育人模式的注意事项

（一）必须专业化和规范化

信息泛滥等诸多新因素的增加，使得出现心理障碍和疾病学生的人数在不断增多。因此，以往的仅凭个别教师的兴趣和热情的教育方式已经远远不能满足高校心理工作的需要。心理机构必须规范，工作人员必须专业，否则容易出现误诊等方面的问题，影响对学生的及时治疗和学生的健康成长。

（二）必须区别于医学模式

学校的心理机构不同于心理医院，它定位于发展模式，同时还肩负着育人的责任，工作必须主动"走出去、请进来"。教师在履行咨询师职责的同时，必须承担教育职责。

第三节　德心共育互助成长心理育人模式

一、德心共育互助成长心理育人模式的概念和构成

德心共育互助成长心理育人模式以班级、团队、宿舍小组共同学习、共同活动为主要形式，以提高学生的进取意识、自助与互助能力、合作解决问题能力为要旨，逐步扩展到学校、片区和社会。

德心共育互助成长心理育人模式衍生出一种简便易行的方式，将心理健康教育教学

与学生自助或助人活动贯穿于大学全阶段，引导学生将自己与同伴、与团队、与班集体的共同成长作为重要追求目标，自助与助人和学生的学习、生活、班级活动、社会实践、能力与创造力培养等紧密结合。该模式还可以迁移运用到其他课程的学习或活动中，从而使高校的教学、学生思想政治教育、心理健康教育与学生管理实现有效整合，收到单一教学或活动难以达到的效果。经过研究与实验，德心共育互助成长心理育人模式由课堂教学、心理健康教育活动、大学生心理成长论坛三大模块构成。

课堂教学和心理健康教育活动以教师为主导，在有限的课时内传授心理健康与个性发展知识、组织学生心理互助团体、引导学生心理成长方向；大学生心理成长论坛是发挥学生主体作用的最好平台，契合大学生向往美好心灵家园的共同愿望与积极追求，为学生的想象力、创造力和实践能力的展现开拓了更广阔的空间。

二、德心共育互助成长心理育人模式的构建思路

（一）以德心共育为主线

一方面，充分利用德育主渠道，遵循品德形成的心理机制，设计融知、情、意、行为一体的教育教学新方案，全面打开学生的心理通道，促使学生将外在教育要求内化为信念与人格。

另一方面，准确把握学生的接受心理，创设"自助—互助—助人"的双向互助渠道，引导学生将内心的理想与追求外化为助人利他行为，使心理教育与思想品德教育双轨合一，实现"无缝对接"。

（二）以大学生自助助人实践活动为基础

运用德育与心理学原理，树立心理咨询助人自助理念，通过大学生自助助人实践活动，引导学生通过自知自助获得自我成长，通过助人促进学生优化个性，实现共同成长。将育德与育心、自助与助人有机统一贯穿大学生大学四年的心理成长过程，引导学生在同伴相互探索与朋辈互助实践中充分实现自我教育、自我服务、自我管理，追求不断进步。

（三）以塑造集体、营造心理成长环境为路径

借助心理学的方法技术，巧妙地把学生组织起来，设计各类有挑战性的、需要团队合作完成的项目，帮助学生进入集体之中，为了集体的荣誉而努力贡献自己的智慧和才华，通过集体团结合作，克服困难，实现个人单打独斗难以达到的目标。运用骨干带头、朋辈互助、高年级带低年级等方式，营造学生群体积极健康向上的心理成长环境。

德心共育互助成长心理育人模式的建立是对传统教育教学模式的根本改变，它在揭示教育教学过程中教与学的辩证关系的基础上，为教师主导和学生主体作用的发挥与整合提供了可行的双向互动路径与载体，为新时代高校心理育人模式的改革与创新提供了实践范例。

三、德心共育互助成长心理育人模式的教育教学方法

在心理育人过程中，教师和学生为了完成一定的教育教学任务所采用的工作方法和学习方法称为教育教学方法。教育教学方法包括教师教与育的方法和学生学与做的方法，是教的方法和学的方法的总称。具体来讲，教育教学方法是指向特定课程与教育教学目标、受特定课程或教育内容制约、为师生所共同遵循的教与学的操作规范和步骤，它是引导、调节教育教学过程的规范体系。教育教学内容能否完成，教育教学目标能否实现，在很大程度上取决于教育教学方法的设计与选择。

德心共育互助成长心理育人模式需要大量采取实践教学法，即教师有目的、有计划地组织和引导学生参与各种形式的教育教学实践活动，调动学生对社会心理现象和自己与他人的心理行为进行分析、判断、体验、训练、评价、对照、内省的积极性，帮助学生形成动机，促使学生将认识转化为行动，并坚持这种行动。它既是辅助课堂讲授的重要方法，又是延伸课堂教学，引导大学生实现自助、助人、互助成长的重要方法。

德心共育互助成长实践教学法打破了课堂教育教学中"教师讲，学生听"的呆板单调局面，使教育教学活动成为师生共同参与、相互激励、相互协调、相互促进和相互统一的互动过程，真正实现教与学的双边活动。与其他教学方法相比较，德心共育互助成长实践教学法的特点主要体现在以下几个方面：

第一，教师发挥主导性。德心共育互助成长实践教学法改变了传统的教师唱主角、

学生唱配角的教育教学模式，要求教师的角色由"主讲者"转变为"主导者"，尽管只是一字之差，却是方法上的根本改变，教师的主要任务不再是传授知识，而是启发、引导、帮助学生学习知识，引领学生成长。

第二，学生表现主体性。德心共育互助成长实践教学法尤其强调学生在教学过程中的主体作用，学生要在教育教学过程中真正"动"起来，即动耳倾听、动眼观察、动手操作、动口表达、动笔练习、动脑思考、动情体验、动身训练等，成为教育教学活动的积极参与者、主动接受者乃至组织策划者。

第三，教与学体现互动性。德心共育互助成长实践教学法倡导师生平等，鼓励学生之间、师生之间相互设问、质询和讨论，营造良好的教学相长的和谐氛围，充分体现教育教学活动是师生双边活动。

第四，教与学充满探索性。运用德心共育互助成长实践教学法，对教师和学生都是一种挑战，教师在课前及活动开展前要设计几套方案，根据学生在课堂上和实践中的具体情况及时调整，学生成为知识的探索者、发现者。在师生相互质疑、讨论中还会碰撞出许多新问题，尤其是学生心理成长中的个性化问题，也需要师生共同探索解决。

第五，教学过程具有延伸性。德心共育互助成长实践教学法还具有以课内实践带动课外实践的特点，因此能突破课堂的时空限制，教育教学活动不仅在课堂内，而且大量地延伸到课堂外，为学生的课余生活注入德心共育互助成长的内涵。

德心共育互助成长实践教学法最基本的特征就是平等互动。在一种民主、平等、互相尊重、互相学习的新型师生关系中，引导学生"参与"，激发学生自主学习的积极性，表现为一个"动"字。杰出的心理学家、日内瓦学派创始人皮亚杰（Jean Piaget）特别强调"动作"，他说："认识发生和发展的动力和基础是主客体的相互作用（活动、动作），一切经验发源于动作。"皮亚杰主张：教学不仅要使学生掌握知识，更重要的是促进他们智力的发展，提高他们思维的能力；让学生相互交流，进行讨论或辩论。要促使学生完成认知过程，更需要充分调动学生的积极性，使他们真正"动"起来。

四、德心共育互助成长心理育人模式的教学资源建设

（一）教材建设

大学生的心理成长单纯靠课堂学习是远远不够的，学生的心理成长需要一种推进力。例如，为创造出这种推进力，在重庆市教委组织下编写的以大学生心理成长为主题的统编教材《让心灵追上人生的脚步——大学生心理成长导引》，被推荐作为全市高校开展心理健康教育的教材。

在书名中，"心灵"概括了个性心理品质；"脚步"体现了成长；"追上"明确要以正确的自我意识为统帅，引领人生的行动；"让"字体现了"导引"。书名新颖、富有哲理，寓意深远。这本书旨在引领学生在课余以自学形式完善自己的人格，解决大学生自我认知与社会认同之间的尖锐矛盾。

教材编写中为大学生心理成长实践留下了足够空间，每章设计了心理加油站、心理自助餐、成长感悟等栏目，将经多年教育教学实践检验、方便可行的心理成长活动方案收入其中，该书于 2009 年出版了第一版，并于 2011 年、2016 年进行了修订，每次修订都会增加大学生心理成长论坛中的成功案例或优秀成果，学生们都表示喜欢这样的教材，看到书名就想读这本书，书里讲的都是他们身边的事，不是枯燥地说教，而是与他们谈心，帮助他们分析认识面临的困惑，还告诉他们怎么做，活动方案也很实用。

2018 年 10 月出版的《德心共育 互助成长——大学生优秀团体辅导方案与评析》收入了一批经过大学生心理成长论坛操作实践的成果与活动方案。《让心灵追上人生的脚步——高校心理育人模式建构与实践》则集中展现了重庆市大学生心理成长论坛 10 年来的探索历程与成果精华，是《让心灵追上人生的脚步——大学生心理成长导引》的姊妹篇，它的出版使心理教育教学资源进一步充实丰富，也为学生的实践与成长提供了更多可学的榜样。

（二）实践教学资源库建设

相对于教材建设要重视可读性，实践教学资源库建设就要更加突出可视性、可学性，大学生心理成长论坛活动项目设计充分满足了这一要求。论坛的各类活动成果都要求用图文并茂的形式，将看不见的心理成长用看得见的、生动有趣且富于创新的方式呈现出

来，让学生看了就想学习、愿模仿、能赶超。

以某校的实践教学资源库建设为例，其分为市、校两级。市级资源库主要收录大学生心理成长论坛市级奖和部分校级一等奖成果，主要有：大学生青春健康与心理成长微课大赛市级奖团队讲课视频 57 个；媒体报道与宣传视频、动画，三级心理之家、心理成长沙盘、手机使用方案等图文并茂的校报电子版成果数百份，调研报告等文字类作品也从第七届论坛开始要求参考国际学术交流惯例制作出壁报版。每届论坛结束后及时制作电子版成果，分享给各校，用于心理辅导、课程教学、心理健康教育活动、新生入学教育等，发挥了很好的推广效应。校级资源库主要收录本校各届论坛优秀成果，这些成果大部分是实物，可触摸、翻看、演示等，方便校际交流。随着论坛活动的深入开展，实践教学资源库会不断丰富，成果展示方式也会不断更新。

五、德心共育互助成长心理育人模式的运行机制

德心共育互助成长心理育人模式的运行机制是德心共育互助成长心理育人理念得以实现的重要载体，也是该模式成败的关键所在。在当今高校普遍推行学分制的条件下，班级弱化，管理虚化，高校的教学、学生思想政治教育、心理健康教育及学生管理都面临新的改革与挑战。学生的自主性强与自制力弱、期望值高与行动力低、自我中心与友爱互助的矛盾日益突出，仅靠普遍号召和做个别工作都不能真正解决问题，只有创新活动载体、优化运行机制，才能使教育深入人心，使心理育人活动可持续发展，进而形成长效机制。

以大学生心理成长论坛为例，其以不同类别、不同层级的大学生团队竞赛为基本运行机制，是德心共育互助成长心理育人模式运行的主要载体。这种竞赛分为校级竞赛与市级竞赛，每级竞赛又分为初赛、复赛、决赛三轮。校级竞赛主要突出覆盖面，通过"两个结合"，即与课堂教学及"5·25"心理健康教育活动结合，三轮比拼即班级初赛、二级学院复赛、校级决赛，力争惠及更多学生。市级竞赛包括校级初赛、片区复赛、市级决赛三轮。市级赛以比、学、赶、帮、超，多出精品为要旨，引导大学生汇聚成长智慧，共创出彩人生，助力构建与巩固大学生校际互助成长联盟。

大学生心理成长论坛运行机制的特点如下：

第一，论坛活动起点低，普适性强，鼓励成长，能惠及全体学生。论坛活动不设门

槛，无须特长，提倡互助，针对不同类别和层次高校的学生心理特点与成长需要的共性与个性，突出共享性与灵活性结合的特点，不同年级和专业的学生都能从中找到自己的成长空间与平台。

第二，论坛活动层次高，操作性强，方便易行，能长期坚持。论坛为大学生搭建更加广阔的成长平台，推动学生走出学校，走进社会，在更高层次的社会大舞台上追求成长。特别是市级奖的设置，有足够吸引力，学生能自主选择真心喜欢的活动，全身心投入其中，收获终身受益的喜悦。

第三，论坛活动竞争性与合作性并备，引领学生达到个人难以达到的高度。活动以团队参赛为主，随着竞赛难度逐级加大，对互助合作的要求也不断提升，这为学生的成长搭建了层级阶梯，有助于学生结伴而行，拾级而上，不断进取，共同成长。

第四，论坛活动课内与课外结合，学校与社会配合，心理育人实践基地建设得以落实。每年（学期）定期举办，集心理健康教育、教学、活动、服务于一体的运行机制得以巩固。学生参加论坛活动的成果计入课程的实践成绩，大学生心理健康教育必修课程实践环节与实践基地建设也得以落实，故论坛活动得到学校领导及相关部门的支持。

第五，论坛活动倡导互助，注重行动，为无特长、缺乏自信的学生提供了互助成长好平台。论坛活动将学生组织起来、带学生行动起来，指导学生用自己擅长的方式表达爱心、服务他人、奉献社会，收获成长。特别是为那些不善言谈、没有特长、怯于出头露面的学生提供了成长的空间和成才的舞台。学生能够在大学生心理成长论坛活动中得到成长，变得开朗，乐于交往，热爱集体，不断提高各项能力和创造力，大大增强自信心。

第五章　高校心理育人工作内容体系的构建

中共教育部党组印发的《高等学校学生心理健康教育指导纲要》共包括六个部分。该纲要首先指出"心理健康教育是提高大学生心理素质、促进其身心健康和谐发展的教育，是高校人才培养体系的重要组成部分，也是高校思想政治工作的重要内容"，并对高等学校学生心理健康教育的指导思想作了明确规定："深入学习贯彻习近平新时代中国特色社会主义思想，全面贯彻党的教育方针，把立德树人的成效作为检验学校一切工作的根本标准，着力培养德智体美全面发展的社会主义建设者和接班人。坚持育心与育德相统一，加强人文关怀和心理疏导，规范发展心理健康教育与咨询服务，更好地适应和满足学生心理健康教育服务需求，引导学生正确认识义和利、群和己、成和败、得和失，培育学生自尊自信、理性平和、积极向上的健康心态，促进学生心理健康素质与思想道德素质、科学文化素质协调发展。"

"心理育人"是新形势下提升思想政治教育质量的重要内容，也是新时代高校心理健康教育的新任务、新使命。

第一节 高校心理育人工作
内容体系构建的依据

一、立德树人的国家要求

美国心理学家奥尔波特（Gordon W. Allport）曾指出："明确而坚定的价值观念的有无是区分一个人人格是否健康、心理是否成熟的标志。"价值观是影响大学生心理健康的重要因素之一。

2014 年 2 月 24 日，中共中央政治局就培育和弘扬社会主义核心价值观、弘扬中华传统美德进行了第十三次集体学习，习近平在主持学习时强调："把培育和弘扬社会主义核心价值观作为凝魂聚气、强基固本的基础工程，继承和发扬中华优秀传统文化和传统美德，广泛开展社会主义核心价值观宣传教育，积极引导人们讲道德、尊道德、守道德，追求高尚的道德理想，不断夯实中国特色社会主义的思想道德基础。""要切实把社会主义核心价值观贯穿于社会生活方方面面。要通过教育引导、舆论宣传、文化熏陶、实践养成、制度保障等，使社会主义核心价值观内化为人们的精神追求，外化为人们的自觉行动；要润物细无声，运用各类文化形式，生动具体地表现社会主义核心价值观"。

2019 年 3 月 18 日上午，习近平在北京主持召开学校思想政治理论课教师座谈会并发表重要讲话，他强调："用新时代中国特色社会主义思想铸魂育人，贯彻党的教育方针落实立德树人根本任务""思想政治理论课是落实立德树人根本任务的关键课程""青少年阶段是人生的'拔节孕穗期'，最需要精心引导和栽培"。

高校担负着培养高素质人才的光荣使命。核心价值观是从中西方人类文化精华中萃取的优秀价值内涵。高素质人才，不但要有良好的科学文化素质和身体素质，以及良好的思想道德素质，还要有良好的心理素质；更应当具有坚定的社会主义核心价值观和中华传统美德。大学生心理健康教育是大学生素质教育的重要内容，是落实立德树人根本任务、促进学生全面健康成长的重要途径，是提升大学生思想政治教育质量、推动大学生思想政治教育工作内涵式发展的重要任务。

大学生思想政治教育应放到高等教育改革发展的大局中来整体谋划、系统推进。冯刚教授在 2014 年撰文《坚持立德树人注重提升质量：扎实推进大学生心理健康教育工作创新发展》，就当前大学生思想政治教育工作面临的新形势和新任务提出以下观点："大学生思想政治教育如何更好地服务于人才培养的质量，为高等教育质量提升、内涵式发展作贡献，如何同步提升自身质量、实现自身内涵发展，是大学生思想政治教育工作必须引起重视的新任务、新课题。"

（一）更加注重坚持以人为本，促进学生全面发展和健康成长

教育的全部活动是为了人的发展。坚持以人为本，不是简单地去迎合学生，而是一切工作都围绕学生的健康成长开展，尊重教育规律和学生身心发展规律，关心学生的可持续发展，坚持育人为本、德育为先、能力为重、全面发展。大学生思想政治教育的工作内容、工作途径、工作手段、工作机制都应围绕这个目标来研究和设计。中共中央、国务院《关于进一步加强和改进大学生思想政治教育的意见》为大学生思想政治教育工作制定了战略性框架，心理健康教育、校园文化建设、社会实践都被纳入其中，成为开展大学生思想政治教育工作、培养全面发展的高素质人才的重要途径和内容。

（二）更加注重理想信念教育，发挥精神力量对青年学生的重大作用

一个民族，如果没有振奋的精神和坚强的意志，就不可能自立于世界民族之林；一个人，如果没有振奋的精神和坚强的意志，就不可能成为高素质人才。青年学生正处在世界观、人生观和价值观形成的过程中，加之当今我国处于开放的国际环境与多元文化的背景之下，要培养中国特色社会主义事业建设者和接班人，不仅要重视培养青年学生精神方面的追求和支撑，还要进一步落实立德树人根本任务，坚持开展中国特色社会主义和中国梦宣传教育，结合学生的个人梦、成才梦、创新梦和报国梦，培养大学生自尊、自爱、自律、自强的优良品格，增强理论自信、制度自信、道路自信、文化自信，提高克服困难、经受考验、承受挫折的能力。

（三）更加注重系统谋划、整体推进，增强工作的整体性、协同性

高等教育改革发展涉及方方面面。党的十八届三中全会强调深化教育领域综合改革，就是要把单一的改革、点对点的改革提升到综合改革层面，把增量改革转变到存量改革层面，把一般性改革推进为机制的改革，解决发展当中的一些制约性问题，真正形

成"1＋1＞2"的效果。大学生思想政治教育要想实现创新发展，就要更加注重系统谋划、整体推进，形成合力，加强顶层设计和"摸着石头过河"相结合，在发展目标、工作机制、动力机制、资源配置机制以及评价机制等方面体现系统性、整体性、协同性，加强工作各个环节、各个途径的力量整合和相互支撑。

（四）更加注重立标准、建机制、提质量，保证工作规范长效发展

没有标准，质量就无从谈起；没有制度，发展就得不到保障。大学生思想政治教育工作要提高科学化水平，实现创新发展，就必须在更高层面设计和构建起与之相适应的质量标准和体制机制。这个质量标准应该是对工作的内涵、过程及其效果的测评尺度，建立质量标准是一个系统工程，应当以马克思主义中国化的最新成果为指导，从大学生思想政治教育实际出发，坚持导向性、科学性和操作性，制定出客观、科学的标准体系。此外，还要完善领导制度，建立科学合理的工作机制，增强制度与制度之间的相互协同、政策与政策之间的相互衔接，形成系统完备、科学规范、运行有效、动态平衡的制度体系；要加强调查研究和监督指导，确保制度科学有效、执行到位。

（五）更加注重分类指导，增强工作的针对性、实效性

要重视和统筹好重点本科高校、一般本科院校、新建本科院校、高职高专院校、民办高校等的大学生思想政治教育工作，分析不同类型学校的实际情况和不同群体学生的思想状况特点，研究更具有针对性、实效性的思想政治教育模式。在制定政策和开展具体工作时，注重尊重特点、形成特色、分众实施、分类指导，促进共同发展、整体提高。

（六）更加注重队伍建设，着力提升队伍专业化水平

队伍专业化建设是工作科学发展的保障。在 2018 年全国宣传思想工作会议上，习近平提出"努力打造一支政治过硬、本领高强、求实创新、能打胜仗的宣传思想工作队伍"。教育部采取多种有效措施，持续推进队伍专业化建设。一是重视培养培训工作。依托教育部 21 个高校辅导员培训和研修基地，对高校党政干部、思想政治理论课教师、辅导员、班主任等进行专题培训，健全培训制度，保障培训经费，提高培训质量，使培训经常化、专门化、科学化、长效化。二是搭建平台。定期召开交流会、座谈会、研讨会等，扩大在职攻读博士学位、硕士学位计划，设立专项课题，开展思想政治教育研究

文库建设、辅导员工作精品项目建设等，为思想政治工作者开展理论研究、提升理论素养创造条件，加大经费支持力度，推动成果转换。三是加强实践锻炼。采取有效措施，组织大学生思想政治教育工作者参加社会实践、挂职锻炼、学习考察和海外研修等活动，打造一支政治觉悟高、理论素养好、专业能力强的工作队伍，推动工作科学发展。

在新的时代，高等教育内涵发展、质量提升的大背景下，大学生心理健康教育也要与大学生思想政治教育实现同步发展，进一步加强统筹谋划、总结经验、研究问题、把握规律，明确工作的基本前提、核心使命、中心目标和基本原则，不断提升工作质量和育人水平，着力构建具有中国风格、符合中国文化、适应中国学生特点的新时代中国大学生心理育人工作内容体系。

二、健康中国的社会要求

人的发展，离不开心理的健康发展。加强社会心理服务体系建设，有助于提高全民心理素质，促进国民心理健康。

2016年10月25日，中共中央、国务院印发了《"健康中国2030"规划纲要》，开篇指出：健康是促进人的全面发展的必然要求，是经济社会发展的基础条件。实现国民健康长寿，是国家富强、民族振兴的重要标志，也是全国各族人民的共同愿望。

（一）"健康中国"是一个崭新的治国理念，是中国特色社会主义道路的又一个伟大实践

"健康中国"作为治国理念，与经济发展阶段有关，与经济发展水平则没有必然联系，这是因为"健康中国"所体现的是以人为本的人文精神和促进人的全面发展的人文情怀，是民族昌盛和国家富强的重要标志。"健康"是以人为本的基本要求，是人民群众的共同追求。从这个角度看，"健康中国"必将上升到国家战略层面，成为崭新的治国理念。既然是治国理念，就要渗透到经济社会发展的方方面面，融入经济社会政策的所有领域，成为我党长期执政理念的重要内容之一，而不应将之视为一个临时的"社会运动"。

（二）将健康教育纳入国民教育体系，把健康教育作为所有教育阶段素质教育的重要内容

构建相关学科教学与教育活动相结合、课堂教育与课外实践相结合、经常性宣传教育与集中式宣传教育相结合的健康教育模式。培养健康教育师资，将健康教育纳入体育教师职前教育和职后培训内容。《"健康中国 2030"规划纲要》高度重视全体公民的心理健康，强调应当促进心理健康，加强心理健康服务体系建设和规范化管理；加大全民心理健康科普宣传力度，提升心理健康素养；加强对抑郁症、焦虑症等常见精神障碍和心理行为问题的干预，加大对重点人群心理问题早期发现和及时干预力度；加强严重精神障碍患者报告登记和救治救助管理；全面推进精神障碍社区康复服务；提高突发事件心理危机的干预能力和水平。到 2030 年，常见精神障碍防治和心理行为问题识别干预水平应显著提高。

（三）加强心理健康服务，健全社会心理服务体系

为深入贯彻落实党的十八届五中全会和习近平总书记在全国卫生与健康大会上关于加强心理健康服务的要求，根据《中华人民共和国精神卫生法》《"健康中国 2030"规划纲要》和相关政策，2016 年 12 月国家卫生计生委（今国家卫生健康委）、中宣部等22 个部门联合印发《关于加强心理健康服务的指导意见》（以下简称《指导意见》），就加强心理健康服务、健全社会心理服务体系提出指导意见。《指导意见》明确指出："心理健康是人在成长和发展过程中，认知合理、情绪稳定、行为适当、人际和谐、适应变化的一种完好状态。心理健康服务是运用心理学及医学的理论和方法，预防或减少各类心理行为问题，促进心理健康，提高生活质量，主要包括心理健康宣传教育、心理咨询、心理疾病治疗、心理危机干预等。""加强重点人群心理健康服务，培育心理健康意识，最大限度满足人民群众心理健康服务需求，形成自尊自信、理性平和、积极向上的社会心态。"《指导意见》对于高等院校心理健康教育的开展特别强调：要积极开设心理健康教育课程，开展心理健康教育活动；重视提升大学生的心理调适能力，保持良好的适应能力，重视自杀预防，开展心理危机干预；教育系统要进一步完善学生心理健康服务体系，提高心理健康教育与咨询服务的专业化水平；每所高等院校均设立心理健康教育与咨询中心（室），按照师生比不少于 1∶4 000 配备从事心理辅导与咨询服务的专业教师。

他山之石，可以攻玉。美国心脏协会曾有一个生动的比喻：如今的医生都聚集在一

条泛滥成灾的河流下游，拿着大量经费研究打捞落水者的先进工具，同时苦练打捞落水者的本领。结果，事与愿违，一大半落水者都死了，被打捞上来的也是奄奄一息。更糟糕的是，落水者与日俱增，越捞越多。事实上，与其在下游打捞落水者，不如到上游筑牢堤坝，让河水不再泛滥。合理、高效的卫生事业体系不能坐着等人得病，而应防患于未然，避免更多人"落水"。马克·吐温（Mark Twain）曾说："经验是一种智慧，它会告诉我们，我们业已养成的习惯，很可能是一个令人讨厌的老朋友。"心脏医学专家的感慨，对于我们进行学生健康教育、心理育人同样是值得借鉴的。

党中央高瞻远瞩地提出"健康中国"的新时代治国理念，教育工作者必须上下一心，同心协力，普及心理健康知识、打造心理育人环境、编织心理育人内容，为祖国的建设者、中国梦的践行者——新时代的大学生具有自尊自信、理性平和、积极向上的健康心态，促进其心理健康素质与思想道德素质、科学文化素质协调发展贡献一份力。

三、大学生成长成才的个体需求

大学时期是人的社会化或心理社会性发展的重要阶段。这一时期，大学生经历着从青少年向成年人的角色转换，而心理健康是他们顺利过渡的心理基础。近年来，我国大学生心理健康教育工作得到了国家和政府的高度重视，各高等学校心理健康教育工作蓬勃开展，有声有色，并取得了很大成效。

大学生的心理发展过程通常分为三个阶段：心理适应阶段、全面发展阶段和职业定向阶段。

（一）心理适应阶段

这个阶段在大学一年级，其主要特征是对环境的不适应和思想的不稳定。进入大学后，大学生发现学习的任务、内容和方法发生了很大的变化。在中学时代，教师天天辅导、日日相随；在大学里，大学生则需要有较强的自学能力和独立思考能力。在高手云集的班级里，高中时学习优秀的自豪感与自尊心却变成了无奈和自卑。大一新生面对中学生活向大学生活的转换，表现出众多心理适应方面的问题。其中，环境改变与心理适应方面的问题居于第一位，人际交往问题居于第二位，自我意识方面的问题占第三位。所有这些问题在大学一年级学生中普遍存在，也是心理适应期的大学生急需解决的问题。由于个人的具体情况不同，心理适应的时间长短也不同，短的只需一两个月，长的需要半年甚至一年。教育者应该采取富有针对性的教育措施，缓解或解决大学生心理适应期的矛盾与冲突，缩短大学新生的心理适应期。与此同时，大学新生也应该不失时机地寻找心理适应的方法、途径，与学校教育同步，力争迅速适应学校的学习和生活，促进心理发展。

（二）全面发展阶段

这一阶段是从大学二年级到三年级，其主要特征是积极追求精神上的丰富和多方面发展自己的能力。二、三年级是大学生活全面展开和深化的关键期，其心理特点主要表现在以下三个方面：

1.思想活跃，兴趣广泛

这一阶段的大学生既无一年级的心理不适应，也无毕业班学生的各种压力。因此，他们思想活跃，兴趣广泛，积极组织和参加各种社团活动，开展丰富多彩的课外活动，渴望从各个方面来充实和发展自己。

2.求知欲增强，注重能力的培养

通过一年级的学习实践，学生对自己的专业有了更多的了解，专业思想日趋稳定，开始按照本专业的特点掌握专业知识与技能，塑造自己的个性，具有了大学生的学习风格。他们不仅刻苦学习专业知识，而且博览群书，积极参加社会调查、科学研究活动，有意识地培养自己的各种能力。但是，也有少数学生胸无大志，得过且过，旷课缺席，沉醉于兼职、刷剧、电子游戏或谈情说爱之中，虚度了美好的大学时光。

3.人生观、世界观逐步形成，并趋于稳定

随着学校思想政治理论课教学的深入开展，大学生的思想素质进一步提高，人生观、世界观逐步形成，并趋于稳定。他们能把自己的成长和新时代社会的发展需要结合起来，关心国家大事，社会责任感增强。并且，他们向往民主，向往科学，向往现代化，在人生的道路上勤于思考、善于探索，富有进取和开拓精神。但是，由于他们在政治上还不够成熟，容易受社会上错误思潮的影响，有时会出现偏激言论甚至做出过激行动。

（三）职业定向阶段

这一阶段是在大学四年级，其主要特征是学生为职业选择和定向做最后的准备，对

未来产生美好的憧憬。

四年级的大学生，心理发展已基本成熟。他们的认知、情感、意识等心理因素已接近于成人。在职业选择与定向过程中，他们开始按照即将到来的职业生活模式来要求自己，在毕业设计和实习的过程中，他们发现了自身知识与能力的不足，开始冷静地分析自身素质和能力，希望通过大学生活的最后一年来丰富和完善自己。因此，不少学生会更加勤奋地学习，把以前没学好的知识补上，把没做完的事情做好，力求按照未来的角色来完善自己。但是，也有少数学生得过且过，不思进取。在这一阶段，大学生应处理好以下三个问题：①发奋学习，保证圆满完成学业；②做好走向社会的心理准备，适应新的社会角色；③正确地处理好感情问题。

综上所述，大学生心理发展有阶段性，每个阶段都有着不同的主要矛盾和心理特征。但发展阶段的划分是相对的，各个阶段之间相互渗透、相互影响，阶段性和连续性共同构成了大学生心理发展的过程。教育管理部门和教师既应该注意到大学生在不同发展阶段的主要矛盾，又要注意各阶段之间的衔接，做好过渡工作。

四、心理健康教育的内容要求

2019年2月22日，我国第一部心理健康蓝皮书《中国国民心理健康发展报告（2017～2018）》（以下简称"蓝皮书"）正式出炉。中国科学院心理研究所所长、蓝皮书主编傅小兰表示：我国已进入信息化、网络化时代，不仅生活和工作的节奏加快，而且生理和心理上的压力也大大增加，国民的心理健康问题已呈现出比单纯的躯体健康问题更突出的态势。傅小兰说："人的全面发展，离不开心理的健康发展。只有加强社会心理服务体系建设，充分利用心理学研究成果，预测、引导和改善个体、群体、社会的情感和行为，才能提高国民心理素质，促进国民心理健康，提升国家凝聚力。"

蓝皮书中提到，我国国民心理健康需求极大，但国民感知到的心理咨询服务不便利。具体来看，有48%的受访者认为"现在社会上人们的心理问题严重"，仅有12%的受访者认为"不严重"，有40%的受访者选择了"说不清"，有88%的受访者认为"心理健康工作重要"，绝大多数成年人都感到了心理健康工作的重要性，而有74%的受访者认为"心理咨询服务不便利"，这提示民众的心理健康需求与目前能够提供给民众的心理健康服务之间的差距很大。

心理健康不仅关系着大学生的成长与发展，也关系着高校的安全与稳定，更关系着祖国的未来与希望。但随着社会结构的深刻变动、利益格局的深刻调整、思想观念的深刻变化，尤其是受到家庭教育的深刻影响，缺乏理性认识的大学生产生了失衡、失落、失常等不良心理，大学生已成为心理问题多发的高危人群，人际关系、学业压力、社会适应、就业愿景等方面的困扰，必然使大学生成为各类心理行为问题的易感人群，且严重性有递增趋势。当前，有效预防大学生心理行为问题，着力提高全体大学生的心理健康水平，须构建生态型的大学生心理健康教育与服务体系。

为了更微观、详尽地了解目前大学生、专兼职教师和教育管理者对心理健康教育的认知与评价，有研究对全国 7 省市（北京、河南、陕西、湖北、浙江、贵州、广东）的 11 所高校进行了大样本问卷调查。对 10 405 名大学生的调查结果表明：大学生对心理健康教育内容有多样的需求，但满意度较低；对心理健康教师和心理咨询师专业性的认可度较低；对网络心理健康教育的体验较差；对大中小学心理健康教育衔接情况满意度较低。此外，目前学校党团组织和社团开展的活动丰富了心理健康教育模式，但任课教师、辅导员等对心理健康教育的重视程度仍显不足。

通过对大学生心理状况的研究，学者们认为，自我意识是其核心。自我意识也称自我，它指个体对自己存在的一切的认识，包括认知自己的生理状况、心理特征以及自己与他人的关系。它是一种具有意识性的自我觉察活动，这种意识性不仅表现在个体对自己本身有比较清晰的理解和自觉的态度，而且表现在个体对自己和客观世界的关系有比较清晰的理解和自觉的态度。

美国心理学家威廉·詹姆斯（William James）认为，"自我"的概念包含两层意思：一个是主体"我"，它是指对自己活动的觉察者；另一个是客体"我"，它是指被觉察到的自己的身心活动。由此可见，自我意识是自觉的自我认识与自觉的自我对待的统一。自我意识是意识的核心部分，它在个体身上发生和发展，形成了稳定的对自己的看法，以完整、系统的形式存在着，担负起人的内部世界以及内部世界和外部世界之间的协调工作。它指引和确定行动方向，规划如何去做，从而把人格的发展纳入自我意识之中。人格的塑造自始至终是通过自我导向、自我监督和自我激励实现的。

大学生自我意识发展的水平较高，但尚未完全成熟，因而容易出现各种偏差，形成自我意识发展的种种障碍，以致影响大学生的身心健康。大学生自我意识发展的障碍主要有下述几种：

（一）过度的自我接受与过度的自我拒绝

自我接受是自己认可自己，肯定自己的价值，对自己的长处和短处都能客观评价、坦然接受，不会过多地抱怨和谴责自己。对自我的接受是心理健康的表现，但过度的接受就是自我扩张。他们高估自我，对自己的肯定评价过高。这种人拿放大镜看自己的长处，拿显微镜看他人的短处，吹毛求疵。他们人际交往的模式是"我好，你不好""我行，你不行"。过度自我接受的人容易产生盲目乐观情绪，自以为是，不易处理好人际关系；而且高估自我会滋生骄傲，对自己提出过高要求，之后因承担无法完成的任务、义务而导致失败。

自我拒绝是指不喜欢自己，不能容忍自己的缺点，否定、抱怨和指责自己。过度自我拒绝表现为严重的、经常的、多方面的自我否定。事实上，许多大学生都有不同程度的自我拒绝，一定程度的自我拒绝可以促使他们不断修正自己，趋于完善，但过度自我拒绝则是由严重低估自我引起的。他们的人际交往模式一般是"我不好，你好""我不行，你行"。过度自我拒绝的人看不到自己的价值，只看到或夸大自己的不足，感到自己什么都不如他人，处处低人一等，丧失信心。过度自我拒绝，会压抑人的积极性，限制对生活的憧憬和追求，易引起严重的情感损伤和内心冲突，以至于不能很好地发挥个人的潜能，严重的还会导致心理疾病。

（二）过强的自尊心与过重的自卑感

自尊心、自信心、好胜心、独立感等是大学生自我意识发展的表现，也是要求尊重自己的言行和人格，维护一定的荣誉和社会地位的自我意识倾向。多数大学生都有强烈的自尊心，好强、好胜、不甘落后。自尊心强的大学生对自己有信心，相信自己能克服缺点，取得进步。但过强的自尊心却和骄傲、自大等联系在一起。他们缺乏自我批评，而且不允许别人批评自己。这样的人回避或否认自己的缺点，缺乏自知能力，不能与人和谐相处，容易失败，也容易受伤。

自卑感是对自己不满、否定的情感，它往往是自尊心屡屡受挫的结果。在学校生活中，大学生在学习成绩、校内外活动、人际交往方面，通过竞争定胜负、争荣誉，这是无法避免的，也是正常的。但是，如果把能力、成绩、特长以及身体、容貌、家世等所有条件进行比较，那么没有一个人会是永远的胜利者。每个人在不同层次上都有自己的成败经验，己不如人的失败感人皆有之，只是程度不同而已。大学校园是人才济济之地，有些人在某些方面曾有自卑的倾向和感受，也很正常。但有的同学过度自卑，对自己的缺点和失误斤斤计较，因自卑而心虚胆怯，遇到有挑战性的场合即逃避退缩，其结果是形成脆弱的和不健康的自我。

（三）自我中心和过强的从众心理

一些大学生强烈地关注自我，他们从自我的角度和自我的标准去认识、评价事物和他人，并采取行动，因而很容易出现自我中心倾向。当这种倾向与某些不健康的思想意识（如个人主义、自私自利的思想）和心理特征（过度的自我接受和过强的自尊心）结合时，就会表现出过分扭曲的自我中心。以自我为中心的人凡事从自我出发，不能设身处地进行客观思考。他们往往以同学的导师或领袖身份自居，颐指气使，盛气凌人，处事总认为自己对、别人错，好把自己的意志强加于人。因而他们不易得到他人的好感和信任，人际关系不和谐，做事难以得到他人的帮助，易遭挫折。

与自我中心相反的另一现象是从众。从众心理，人皆有之，但过强的从众心理实际上是依赖反应。有过强的从众心理的学生，缺乏主见和独立意向，自己不思考或懒于思考，常常人云亦云或遇到问题束手无措，结果导致自主性被阻碍，创造力受抑制。事实上，任何人都不可能在任何事上为所欲为，个人应该主宰自己的思想和观念，有自己的主见和看法。对于大学生而言，在求学、就业、交友、恋爱等方面，虽不能随心所欲支配一切来满足自己，但要有充分的能力去思考、分析、研究自己在困境中可行的道路，至少应该勇于独立思考，不受他人影响，保持自己的独立性和个性。

（四）过分的独立意识和过分的逆反心理

大学生自我意识发展最显著的标志之一是独立意识日益明显。但是，独立意识过头，便会产生过犹不及的效果。很多大学生把独立理解为"万事不求人"，不需要别人的帮助。导致的结果是，在现实生活中，遇到困难挫折，只能自食其果，活得沉重、痛苦。其实，独立并不意味着独来独往、我行我素和不顾社会规范，而是指在感情和行为上对自己负全部责任。一个真正成熟的个体是独立的，他对自己负责，但决不排斥接受他人的帮助。

逆反心理也是大学生自我意识发展的产物，其实质是为了寻求独立，寻求自我肯定，为了保护新发现的、正在逐渐形成的但还比较脆弱的自我，抵抗和排斥在他们看来压抑自己的种种外在力量。这是青年阶段心理发展的必然现象。因为这个原因，青年期被称为"第二反抗期"。就逆反心理本身而言，它有双重性：一方面表明青年人的反抗精神和独立意识；另一方面，不少人不能确切地把握反抗，表现出过分的逆反心理。有过分逆反心理的大学生对事物采取非理智的反应方式。在外在要求的内容上，他们不论正确与错误、精华与糟粕，一概排斥；在手段上，他们只是简单地拒绝和对抗，情绪成分大；在目的上，他们只是为了反抗而反抗，逆反的对象多为家长、教师、社会宣传和典型人物等外界权威。这样的结果是阻碍了他们学习新的或正确的经验，不利于其健康成长。

在以上分析中，我们可以看到，大学生自我意识发展过程中出现的失误、偏离和障碍，是其心理还不成熟的表现，是由其身心发展和成长背景决定的该年龄阶段的特征。这些失误、偏离和障碍是大学生自我意识发展中的普遍的、正常的现象，不需要大惊小怪，但是必须进行调整和控制。认识到这一点，教育者和大学生本人才有可能去面对它、解决它，以达到大学生自我的真正统一和健康发展。

五、个体心理、行为状态的差异需求

我们有必要首先从心理状态的角度来了解人的不同心理状态及其相应的行为特点。从心理健康的角度看，人们的心理状态可分为三种情况或状态：正常状态（又称常态）、不平衡状态/危机状态（又称偏态）与不健康状态（又称变态）。与这三种状态相应，其社会行为方面也表现出相应的特点。

（一）正常状态

个体在一般的没有较大困扰的情况下，心理处在正常状态之中。个体在这种状态下的社会行为称为常态行为。个体的常态行为基本与其价值观体系、道德水平及人格特征相一致，因此带有必然性，是具有这种特定的价值观体系、道德水平与人格特征的人必然会发生的。

（二）不平衡状态/危机状态

一旦发生了"生活事件"，即扰乱正常生活、引起人们消极情绪的事件，如受挫折、欲求不能满足、受到威胁等，个体就会进入一种不平衡状态。所谓不平衡状态，即指个体心理处于挫折、焦虑、压抑、恐惧、担忧、矛盾等状态。一般来说，个体在生活过程中会不断地经历各种不平衡状态，这是不可避免的甚至是必要的，但不能严重地或长期地陷入这种状态中，否则会损害自我，不利于适应生活，因此我们称这种状态为危机状态。在通常情况下，个体会通过自我调节来消除不平衡状态，这种自我调节机制是其在过去生活中不自觉地形成的，弗洛伊德（Sigmund Freud）称之为"自我防御机制"。个体正是通过这些自我防御机制来消除不平衡状态，保护自我的。如果自我调节无效，就得借助他人的疏导，使不平衡消除，恢复正常状态。

然而，如果由于各种原因个体无法通过自我调节或他人疏导恢复正常状态，则会出现两种情况：第一种情况是直接导致或累积压抑导致不健康状态。在这种情况下，或由于心理不平衡严重，直接使个体进入不健康状态；或程度虽然不是十分严重，但个体由于无法消除不良的心理状态，只能将它压抑下去，经常性累积压抑会导致其陷入不健康状态。第二种情况是线性地产生不适应行为。所谓"线性地产生"，是指这些行为的发生有明确的、直接的原因，其因果序列是清晰的。不适应行为有两类：一类是反社会行为，是指直接危害他人或社会的行为，包括违法行为、不道德行为等。这里应强调的是，如果这个人在正常状态下，那么其道德水平是不会使他做出这样的行为的，而在不平衡状态下，其道德中的弱点会极大地扩张，导致其产生这些反社会行为。个体在心理不平衡情况下所做出的反社会行为并不带有必然性，而是带有偶发性。另一类不适应行为是异常行为，如自杀、出走之类，这类行为虽然不直接危害社会，对社会与他人不构成利益的损害，但却危害了个体自我，并且作为突发事件，也影响了社会正常的秩序。异常行为也是个体在心理不平衡的情况下产生的，也是一种偶发性行为，这种行为在个体正常状态下是不会产生的。

在上述第二种情况中，个体在心理不平衡状态下所产生的反社会行为或异常行为尽管有直接的原因，也有明确的行为动机，但往往不是其价值观、道德水准或人格特点的必然产物，而只是在特殊的状态下发生的，带有偶发性，它与常态行为不同，可以称为"偏态行为"。对人们尤其是青少年中发生的严重事件的分析表明，其中相当大的部分是在个体心理处在不平衡状态的情况下发生的，属于偶发行为。如果我们有健全的心理辅导与咨询机构，能及时帮助个体摆脱心理危机状态，恢复正常状态，那么学校乃至整个社会的违法行为、不道德行为以及意外事件都会大大减少。

（三）不健康状态

个体进入不健康状态，固然有可能经过心理咨询与心理治疗恢复到正常的状态，但这个过程较之由心理不平衡状态恢复到正常状态的过程难度要大得多。当个体处于不健康状态时，往往会非线性地产生不适应行为，包括反社会行为与异常行为。所谓"非线性地产生"，是指这些行为的产生往往是没有明确的、直接的原因，找不到其因果关系，其因果序列是不清晰的。例如，一个纵火狂每隔一段时间便会放火焚烧别人的房屋，然而为什么他要放火，根本找不出原因，连他自己也说不清。又如，某小学生突然害怕方格或类似方格的所有物体，这是一种异常行为，而包括他自己在内，谁也弄不清他为什么会怕方格。正是由于这种非线性的特点，我们对其不适应行为的产生就无法预测。个体在心理不健康状态下所产生的反社会行为或异常行为没有直接的原因，也没有明确的行为动机，因此谈不上是其价值观、道德水准或人格特点的必然产物。这类行为我们称为"变态行为"。

综上所述，我们可以看到，个体在不同的心理状态下不适应行为的产生有不同的特点，即使同样是反社会行为，个体在正常的心理状态（常态）下所产生的就是常态行为，这种行为一般与其道德水准、人格特点等相一致，是必然出现的行为。而在不平衡的状态（偏态）下，个体所产生的反社会行为尽管也有直接的原因、明确的动机，但往往不是其道德水准或人格特点的必然产物，而只是在特定的状态下偶然发生的，是偏态行为。一旦个体处于不健康状态（变态），其产生的反社会行为常常是无因可循的，也没有相应的反社会的行为动机，则是变态行为。这就是我们从心理健康角度对人的心理及其相应的社会行为特点的分析。

为进一步提升心理育人质量，中共教育部党组发布的《高等学校学生心理健康教育指导纲要》对总体目标等已经作了十分明确、高度概括的要求。心理健康教育的覆盖面、受益面不断扩大，学生心理健康意识明显增强，心理健康素质普遍提升。常见精神障碍和心理行为问题预防、识别、干预能力和水平不断提高。学生心理健康问题关注及时、措施得当、效果明显，心理疾病发生率就会明显下降。

凭借以上高校心理育人工作内容体系构建的依据，我们将高校心理育人工作内容体系划分为两类：发展性心理育人工作内容体系、预防性心理育人工作内容体系。

第二节　发展性心理育人工作内容体系

在规划、设计、实施、考核心理育人工作时，身为教学人员、科研人员、管理人员、服务人员，心理育人工作者应当着力提高全体学生的心理素质，培养他们积极乐观、健康向上的心理品质，充分开发他们的心理潜能，促进学生身心和谐可持续发展，为他们的健康成长和幸福生活奠定基础。

具体而言，通过 20 余年心理育人的实践与摸索，尤其在新时代，心理育人的理念与实践同步得以创新。目前，已探索出心理育人的工作格局——教育教学、实践活动、咨询服务、预防干预、平台保障"五位一体"，协同推进。"五位一体"心理育人工作，旨在使学生学会学习和生活，正确认识自我，提高自主、自助和自我教育能力，增强调控情绪、承受挫折、适应环境的能力，培养新时代大学生健全的人格和良好的个性心理品质；对有心理困扰或心理问题的学生，进行科学有效的心理辅导，及时给予必要的危机干预，提高其心理健康水平。

一、发展性心理育人的内涵

心理育人与心育、心理教育、心理素质教育、心理健康教育等概念相关，是指通过"心理"最终实现"育人"目的。育人是目标，是目的，是根本，是出发点也是归宿。只有这样来理解心理育人，才能更好地把握心理育人的实质。对于心理健康教育的内涵，林崇德教授等早在 2003 年就指出：心理健康教育，顾名思义是指提高学生心理健康的教育，因此它包括普及心理健康基本知识，树立心理健康意识，了解简单的心理调节方法，认识心理异常现象以及初步掌握心理保健常识，其重点是学会学习、人际交往、自我修养、升学择业以及生活和社会适应等方面的常识。心理健康教育不能是医学或医疗模式，它必须既面向全体，又顾及个体差异。做好个别教育，面向全体与顾及个体差异的目的是一致的，即都是使学生心理健康地发展。

学校心理育人工作的重点应放在学生心理素质的发展上。这里的心理素质，既包括智力因素，也包括非智力因素，即人格因素。智力因素包括感知觉能力（特别是观察能力）、记忆能力、想象能力、思维能力、言语能力和操作技能，其中思维能力是智力与能力的核心。良好的思维能力，不仅包括概括能力、推理能力和解决问题的能力，也包括诸如敏捷性、灵活性、独创（创造）性、批判（分析）性和深刻性等思维品质。非智力因素或人格因素，是指智力活动以外能对智力活动产生效益的一切心理因素。良好的非智力因素或人格因素，主要包括健康的情感、坚韧不拔的意志、积极的兴趣、稳定的动机、崇高的理想、刚毅的性格和良好的习惯等。以上这些内容应该是心理健康教育要关注的内容。

就发展性心理育人而言，主要是指有目的、有计划地对学生的心理素质与心理健康进行培养促进，使大学生的心理品质不断优化；预防性心理育人则主要是对在心理素质或心理健康方面出现了问题的学生进行专门的帮助，使问题得以解决。这两项任务层次也不相同，发展性心理育人主要是面对正常发展的学生，是提高性的；而预防性心理育人则主要是面对在心理方面出现了不同程度问题的学生，是矫正性的。在实际的心理育人过程中，提高性的与矫正性的育人工作往往是难以截然分开的。发展性心理育人是精益求精、锦上添花，而预防性心理育人则是未雨绸缪、防患于未然或者亡羊补牢。

在努力学习、认真领会心理学基本原理、大学生心理发展特征与规律、心理健康的系列理论与实务的基础上，尤其是党的十八大以来，高校始终高度重视大学生心理健康教育工作，围绕顶层设计、课程体系、教师队伍、课外活动、危机预防与干预体系、理论研究等，采取了一系列措施，不断提升大学生心理健康教育教学水平，大力促进新时代大学生健康成长。

二、发展性心理育人工作内容体系的构建

青年是党和国家的未来、民族的希望。习近平在庆祝中国共产党成立 95 周年大会、北京大学师生座谈会等众多场合对青年本质特征和重要地位进行了科学论证。

在 2019 年 3 月 18 日举行的学校思想政治理论课教师座谈会上，习近平再次强调："办好思想政治理论课关键在教师，关键在发挥教师的积极性、主动性、创造性。思政课教师，要给学生心灵埋下真善美的种子，引导学生扣好人生第一粒扣子。"

以发展的眼光看待学生心理素质的发展、在发展中培育学生的心理素质，这是学校心理育人工作内容的着眼点和立足点，因此我们在倡导心理健康教育时，应该关注新时代大学生积极拼搏和奋斗超越的群体特征，在内容规划上补充与新的时代要求一致的新

青年的新素质。在认知水平、情感发展、意志培养、人格构建等方面，不断增强、提升、促进和鼓励当代大学生，不要过多地以个案代替全体、以个别扩散群体、以极端臆测所有、以不稳定泛化全过程。我们在大学生心理育人的内容设计上，应当始终坚持"发展性"——时代在发展、教育在发展、学生在发展、心理在发展，为新时代大学生滋养心灵，拔节孕穗。

就发展性心理育人工作内容体系的构建而言，当前我们应当着力于培育积极心理素质、培养良好的心理能力等。

（一）培育积极心理素质

教师始终应当立德树人，"给学生心灵埋下真善美的种子，引导学生扣好人生第一粒扣子"，将培育积极心理素质作为大学生心理育人的首要内容。

积极的心理素质是在正常智力的基础上，要求大学生具有良好的个性、较强的心理适应力、积极合理的内动力、健康的心态以及得当的行为表现等。把培育积极心理素质作为大学生心理健康教育的重要内容，符合大学生心理健康教育的育人目标，更是大学生积极心态培育的题中应有之义。

1.要塑造大学生积极的人格

作为人格中的主动因素，积极人格是预防人格扭曲、保持健康心理的关键，更是促进大学生积极心态发展的重要因素。要培养大学生的积极心理素质，就要塑造学生的积极人格，使学生能够正确地认识和接纳自我，客观地评价他人和社会，时刻以积极、乐观的心态面对困难和挫折，在各种社会压力面前以强者的姿态迎接挑战。

2.要增加大学生积极的情绪体验

增加积极的情绪体验是塑造大学生积极人格的必要途径。培养大学生的积极心理素质，就是要通过调动大学生内在的积极潜能，让他们感到生机勃勃的积极情绪，如喜悦、感激等，以此来提升他们的心理掌控能力和平和的心态，使他们能在积极潜能的发掘与培养的过程中做到"防患于未然"，这对维护大学生的心理健康、提高学习效率、改善人际关系有着重要作用。

（二）与大学生思想政治教育紧密结合

促进大学生全面发展是高校德育工作与心理育人工作共同的培育任务和目标。当前，大学生的心态问题不仅有心理因素，还同时存在思想、品德、行为习惯以及观念方面的因素，单一的教育方式难以奏效。因此，应使两者在教育内容上相互配合、协调一致，遵循大学生思想认识发展的基本规律，结合大学生思想政治教育内容，发挥其预见性功能，将德育工作深入到大学生心理健康教育教学中去，通过开展多种形式的谈心、咨询活动，指导大学生得当地处理学业、生活中出现的思想上的矛盾和困惑。这样既可以丰富心理健康教育的内容，辅助大学生积极心态培育目标的实现，也可以使心理健康教育的培育工作效能最大化。

（三）培养良好的心理能力

1.培育积极的自我认知能力

积极的自我认知能力是大学生积极社会心态培育的前提，它既包括大学生对自我的正确认知与评价，也包括对他人的客观认识和评价。大学生积极的自我认知能力可以从建立积极的自我意识开始培养，大学生可以通过"他观我"的方法来进行自我认知能力训练。例如，描述父母眼中的我、同学眼中的我、教师眼中的我、闺蜜眼中的我等，把这些描述中共同的优秀品质或不足归类，描述的内容越具体、越接近自己，就越可能找到正确的自我。同时，大学生在找到自我并且能够正确认识自我之后，还要学会悦纳自我。自我悦纳既是自我接受、自我喜欢、自我欣赏、接纳自己的第一步，也是培育积极的认知能力的关键所在。只有接受完整的自我，才会理解、包容他人，与人友善相处，从而形成对他人的客观认知和评价，进而树立一种积极的认知态度，并在此基础上产生积极的情感体验和理智的行为方式。此外，大学生还要学会正视并接受现实。在现实中，压力无处不在，挫折在所难免，而大学生的学习、交往、择业、情感等方面的心态问题多是由自身心理发展不成熟导致认知失调引起的。所以，大学生要努力培育积极的自我认知能力，调整好自己的心态，学会正视并接受现实，在生活中时刻保持坚强、自信、乐观的精神风貌和积极健康的人生态度，认认真真学习、勤勤恳恳做事、踏踏实实做人，形成应对挫折、缓解压力的正确心态，为促进整个社会心态的健康发展提供条件、奠定基础。

心理健康的个人对自我必然持肯定的态度，能够明确认识自己的潜能、优缺点，并发展自我。一个积极向上的人不会自我膨胀，目空一切，也不会苛求自己，自怨自艾；即使对自己有不满意的地方，也并不妨碍其感觉自身较好的一面。无论是来自农村还是来自城市，大学生都应该做一个积极、独立、自尊、自爱、自强的人，不要以各种主客观条件来左右自己，不要产生不平衡心理。具备积极的自我认知能力既是心理健康的必要条件，也是维护心理健康的主要方法。有研究表明，对于评价性的自我认识，如人们认知自己的魅力、聪明、忠诚等，并没有完全正确的看法，大部分人自我感觉比真实的好。有能力区分真实的自我与理想的自我是生命的智慧，需要大学生用心体悟。

2.提升自我的心理承受能力

心理承受能力是个体对逆境引起的心理压力和负情绪的调节能力，主要表现为对逆境的适应力、耐力、战胜力。具体来说，提升自我的心理承受能力可以从以下几个方面入手：

一是要增强大学生的社会适应力。在学习方面，应该确立学习目标，改善学习方法，提高学习自觉性；在人际交往方面，要与人为善、主动与人交流，不戴有色眼镜评价别人；在择业方面，主动参与社会实践，增进生活体验，以积极、平静的心态去看待择业路上的困难和挫折；在情感体验方面，培养积极的情绪，相信自己一定能够找到解决的办法，克服困难，战胜压力，做到遇事不躁，处事不惊，建立健康、愉快、丰富的精神生活。

二是要进行系统的耐力训练。一个人耐力的强弱影响其意志力，进而影响其心理承受力。提高耐力是一个痛苦的心理体验过程，大学生可以通过模拟野战游戏的方法来训练自己的耐力和意志，增强自己的应变能力，在艰苦环境中磨炼自己。

三是要树立战胜困难的意念。树立战胜困难的意念对于大学生而言，不仅需要父母、教师的监督和引导，更重要的是需要个人坚持不懈的努力。可以通过自我鼓励的方法，树立坚定的信念，勇敢地面对压力，憧憬美好的未来。无论遇到多大的困难，都要自信、坚定地走下去，相信通过自己的努力一定可以战胜困难，获得成功。

3.增强自我情绪的掌控力

增强自我情绪的掌控力最直接有效的办法就是适当地调控情绪。在压力来临时，大学生会表现出郁闷、伤心、失意，这时应该善于表达自己的情绪，不要将自己难过的情绪压抑在强作笑颜之后，也不要以故作活泼来掩饰内心的悲伤。每一位大学生都有自由发泄、公开表达自己情绪的权利，不同的情绪反映的是他们的真情实感。尽管作为心理尚未完全成熟的大学生群体，他们对自身情绪难以把握，但还是可以通过一些方法和手段进行掌控的。例如，大学生可以通过听音乐、运动、谈心、宣泄等情绪调控的方法来舒缓情绪压力，主动、及时地调适自身的不良情绪；或通过写邮件、写日记的方式进行自我心态的调整；或专注于阅读具有教育意义的书籍、观看文艺电影等排遣不良情绪；或在与大自然的接触中调整自己的情绪；等等。与人交流、自我调节、情绪转移，都是增强自我情绪掌控力的有效办法。同时，大学生还要养成积极的抗压心态，进行抗压抗挫的能力训练。生活中成功者与失败者的最大差别就是对逆境的态度。大学生在学习和生活中所遇到的困难和挫折是导致自身心态疲惫的重要因素。因此，当代大学生只有勇敢地面对生活的挑战，通过增强环境适应力、提高生活满意度等方法，养成一种抗压心态，当这种抗压心态处于主动状态时，大学生才能从容面对生活中的压力，在精神上很好地适应社会环境的变化，从而不断地增强自我情绪的掌控力，使心态朝着积极的方向发展。

（四）培养积极的心态

就个人而言，每位大学生都承担着"立德""育心"的自我教育、自我培育、自我完善的职责。就当代大学生积极心态的培养而言，其内容应包含以下几个方面：

1.用积极的心态对待外界事物，创造一个良好和谐的外部环境

积极的心态是维护心理健康的必要条件，积极良好的心理可形成乐观的人生态度，能承受突如其来的打击和变故，保持机体内外环境的平衡与协调，增强神经系统的调节作用和机体的免疫力。维护良好的外部环境需要建立一个和谐的人际关系，正确处理交往的问题，自觉适应环境的变化。人际交往可以满足人对爱的需要、心理归属的需要和受人尊重的需要，从中实现自我价值。因此，积极的人生态度、正确的人际交往方法、良好的人际关系和有效的人际沟通技能，对于维护心理健康都是非常重要的。

2.正确看待压力

大学生的心理压力来自多方面，如学习压力、经济压力、就业压力等。大学生要正确看待压力，努力将压力变为动力；要正确处理好学习和就业的关系，学以致用，学习一门专业，掌握谋生的技能，为顺利就业打下坚实基础。面对就业带来的压力，大学生应该广泛了解社会职场对人才的需求，分析自己的专业特长，以积极的心态应对就业带来的心理压力，适时地调整学习内容和就业目标，完善知识结构，力争熟练地掌握专业技能和专业知识，以适应就业的需要。

（五）保持性心理的健康

性生理成熟和性心理不成熟的矛盾，导致大学生面临很多性心理卫生方面的问题。保持大学生性心理的健康，一直是学校、家庭、社会的希望，也是大学生身心同一、完整人格的内在要求。一方面应加强大学生性生理和性心理方面的教育；另一方面大学生自身要学会调节，可以通过学习、工作、娱乐活动、社交等途径使生理能量得到正当的释放，来减弱性的生理冲击力。

（六）坚持健康文明的生活方式

生活方式是指人们在日常生活中遵循的行为规范，即习惯化了的生活。对大学生而言，健康文明的生活方式包括：合理作息，起居有常，早睡早起，充足睡眠；平衡膳食，坚持吃早餐，保持正常体重；科学用脑，实行时间管理，提高学习效率，劳逸结合，避免用脑过度；积极参加体育锻炼，不吸烟，不喝酒，选择文明高雅的休闲娱乐方式，愉悦身心。而大学生不健康、不文明的生活方式有沉溺于网络、暴饮暴食、晚睡晚起、不运动、抽烟、酗酒等。

第三节　预防性心理育人工作内容体系

心理疾患是世界性的问题，并且具有渐趋增长的趋势。2011年，在《自然》杂志发布的心理疾患负担统计数据显示，心理疾患已经给包括中国在内的中低收入国家造成了沉重的经济负担。

预防性心理育人的工作内容体系主要是加强危机预防与干预体系建设，通过实施专项督查、推动心理健康测评、完善大学生危机事件报告制度，不断增强危机预防和干预能力。组织专家对高校心理健康教育示范中心建设及大学生心理健康教育工作进行专项督查。如建立心理健康教育与咨询机构，逐步完善个体咨询、团体辅导、网络咨询、24小时心理热线等多形式、多层次、立体化的心理咨询模式。

预防性心理育人内容体系的设计既要体现课程的时代性、现实性和针对性，又要针对最困扰大学生的问题，帮助大学生解除心理困惑、适应学校生活、促进心理健康、提升人格魅力。国家卫生健康委的调查统计显示，我国大学生中至少有25%存在不同程度的心理障碍，其中有焦虑不安、恐惧、神经衰弱、抑郁等严重心理障碍的大学生的比例达16%以上，而且近年仍然呈上升的趋势。这表明，大学生的心理健康问题已经成为关系当今家庭、学校和社会稳定的一个亟待关注的重要问题。

一、大学生心理异常的三个层次

根据大学生有可能出现的心理异常的严重程度，我们试图将其分为以下三个层次：

（一）心理冲突

心理冲突也称心理失衡，属于轻微的心理异常，通常不存在心理状态的病理性变化，是正常心理活动中的局部异常状态。心理冲突是指个体在有目的的行为活动中，存在着两个或两个以上相反或相互排斥的情绪、动机或价值观时，既不能丢掉一个保留一个，又不能把两者在较高的层面上整合起来，因而产生的一种矛盾心理状态。这种矛盾的状态持续的时间较短，一般在半个月之内，反应的强度也不是很大，没有明显违背逻辑思维，对大学生的学习和生活并不会造成重大的影响。心理冲突具有普遍性，几乎每个人都经历过，常见的大学生心理异常状态大多数属于此类，但心理冲突若不及时地调整和疏导，就会影响身心的健康。

（二）心理障碍

心理障碍也称心理失常，是心理状态的病理性变化，属于心理病理学的范畴。心理障碍是指个体在其成长过程中，受自身生存环境的影响而形成的一种不协调的心理状态。心理异常程度比较剧烈，持续时间在一个月以上，背负着比较沉重的精神负担，反应对象不仅局限在引起心理异常的具体对象上，而且泛化到其他的对象上，造成心理紊乱，影响了日常学习和生活。大学生中严重的心理异常状态属于此类，比常见的心理冲突要少，但是如果不予以足够重视并及时调适，长久持续下去就会导致更加严重的心理疾病。

（三）心理疾病

心理疾病是比较严重或严重的心理异常，是多种心理障碍集中或综合的表现。心理疾病是指个体由于精神上的紧张、干扰，而使自己在思想上、情感上和行为上发生了偏离社会生活规范轨道的现象。这种心理上的矛盾和紊乱持续的时间很长，反应的对象也一再泛化，明显违背了逻辑思维，严重地影响到日常的学习和生活。大学生中这一类心理异常状态是比较少见的。

二、预防性心理育人的工作内容

（一）适应心理问题

适应心理问题主要出现在大一新生中。由于来到大学后，生活、学习的环境发生了很大变化，大学生就容易出现一系列适应方面的心理问题。首先，大一新生第一次远离熟悉的学习和生活的城市、家庭，来到一个陌生而新鲜的地方，很容易想念亲人和朋友。其次，部分大学生处理日常事务的能力不足，独立生活能力较差。最后，由于环境的变化，大学生正逐步成为一个独立的社会角色，他们在经济条件和生活方式、学习目标和学习方法、人际交往等各方面都要及时地调整并转换自己的角色，独立应对生活中各种不适应的问题。在角色转变过程中，大学生很容易在心理上产生强烈的不适应，如果不及时调整，就会产生抑郁、焦虑、孤独、自卑、退缩等心理问题。

（二）情绪心理问题

大学生处于青年中期，社会情感丰富而强烈，具有一定的不稳定性与内隐性，表现为情绪波动大，喜怒无常，常常会因为一些小小的成功而沾沾自喜，也容易因为一次小小的失误而一蹶不振，甚至无法控制自己的情绪反应。根据大学生情绪自我评价发现，大学生的负向情绪高于正向情绪，这尤其值得引起重视。大学生的负向情绪主要表现为忧郁、焦虑、嫉妒等。

（三）自我认知问题

大学阶段是自我意识逐步完善的阶段，如果不能客观地认识和评价自我，便会出现自我认知偏差，甚至陷入认知矛盾的状态。大学生中常见的自我认知问题主要有自卑、自负等。

（四）人际关系问题

与高中生相比，大学生的人际交往更为复杂、广泛，更具重要性。良好的人际关系是保持良好的心理状态的必备条件。大学生的人际关系问题主要有人际关系不适、社交不良、心灵封闭等。

（五）恋爱及性心理问题

大学生由于性生理逐渐发育成熟，性意识的觉醒与性心理的发展促使他们渴望了解异性，向往爱情。很多大学生在校期间都开始谈恋爱，但由于缺乏经验与指导，在恋爱过程中出现了诸多心理问题，如爱情的困惑、失恋的困扰、性心理问题等。

（六）特殊群体大学生的心理健康问题

有三类特殊群体的大学生的心理健康问题尤其受到关注。

1.“00后”独生子女的心理健康问题

自大批“00后”大学生涌入高校以来，大众对“00后”的关注逐渐升高，他们是标新立异的一代，他们身上拥有太多的个性，心理问题也比较突出。部分“00后”大学生从小就受到万般宠爱，基本没有受过挫折，是家人眼中的“中心”。久而久之，他们就会习惯以自我为中心，不会想到要去顾虑他人的感受。当走进大学后，他们依然用这样的心态去面对同学、面对舍友，在更多的自我观念之下，他们对人际关系变得不适应，内心的失落感蔓延，加之日常生活的琐事引发的矛盾，轻易地使这些“00后”大学生出现心理危机。由于他们普遍具有自我评价较高、自我意识较强的“优势心理”，加上家庭对他们的过度呵护和溺爱，所以他们更容易冲动、感情用事，情绪控制能力比较差，面对挫折时心理承受能力较差，受挫感强。

2.家庭经济困难学生的心理健康问题

尽管政府建立了“奖、贷、勤、补、减、免”相结合的资助体系以解决家庭经济困难学生经济上的困难，但是经济窘迫仍然是他们最大的心理压力的来源。家庭经济困难学生普遍比较自卑，且自尊心也很强，自卑情结往往潜藏于心，并且没有完全从日常的学习生活中表现出来。家庭经济困难学生尽管经济上很拮据，有的却不愿意接受来自同学的帮助，处于自我保护状态，他们为自己构筑起强烈自尊的保护壳，对触及自己痛处的事物极为敏感，一点小小的刺激就可能会让他们产生强烈的情绪情感反应。部分家庭经济困难学生希望以突出的成绩来补偿被人轻视的心理，但在一些评比中一旦不如意，便会认为是参与评选的教师或学生对自己有偏见。家庭经济困难学生有融入集体的强烈愿望，渴望得到别人的接纳和认可，但是由于生活习惯和语言沟通等方面的原因，他们在和别人交往时往往不敢敞开心扉，极少参加同学们的聚会活动，自我封闭，久而久之使得他们的交往圈子越来越小，以至于他们产生了强烈的孤独感，不愿与人接触，沉默寡言，处理问题时比较偏执，容易产生心理困惑。

3.毕业生的心理健康问题

就业问题已成为社会各界关注的焦点，这一问题不仅关系到千家万户的切身利益，更关系到国家的经济建设和社会稳定。调查显示，由于理想与现实的差距，大学生出现了不同程度的心理障碍，如茫然、焦虑、自卑、盲目自信等，甚至出现"NEET"一族，即"Not in Education, Employment or Training"，指不就业、不上学、不工作、赋闲在家的大学毕业生。为此，心理健康教育课程教学应帮助大学生正确分析形势，培养大学生适应环境变化、调整心理状态的能力，树立正确的就业价值取向和择业观。

三、预防性心理育人工作内容体系的构建

2014年，马建青教授等对全国300余所高校的心理健康工作者进行了我国第一次较大规模的大学生心理危机干预状况的专题问卷调查，研究发现，当前大学生心理危机问题仍比较突出，心理健康教育工作者对此既不可掉以轻心，也不能危言耸听。如何评价当前大学生心理危机的状况是了解我国高校大学生心理危机干预工作现状首先需要考虑的问题。在该问题上，被调查者认为"比较严重"或"一般"的各占2/5。这是目前高校心理危机干预工作界占主流的两种代表性看法。大学生心理危机主要源于恋爱情感、人际交往和学习等日常生活困扰，心理疾病因素尤其值得关注。心理健康教育工作者特别关注因严重心理疾病（特别是抑郁症、精神分裂症等）而引发的心理危机，其在

心理危机事件中扮演了十分重要而独特的角色。各校心理危机干预工作受到了较多肯定，但危机干预工作仍任重而道远，关键是干预工作者的专业水平亟待提高。

迈入新时代，部分高校通过充分的理论探讨与实践创新，在预防性心理育人中，构建了以课堂教学、课外活动、心理普测、心理咨询和治疗等多层次、全方位、立体化的心理危机预防与干预网络；通过多种方式、途径强化心理危机干预队伍建设，不断提高从业者的专业能力和水平等。这些措施的落实使高校心理危机预报、预防、预警、干预工作从总体上呈现出较好的发展态势。预防性心理育人工作内容体系的构建具体包括以下几点：

（一）提升高校心理危机干预的主动性和预测性

1.科学评估大学生心理危机的"危险性因素"和"保护性因素"

布朗芬布伦纳（Urie Bronfenbrenner）的生物生态学理论认为，个体的发展受家庭、学校、同伴等多个生态子系统的影响。乔治·恩格尔（George Engelmann）提出的基于"生物-心理-社会"的现代医学模式，也强调了个体的心理问题是由多种因素综合产生的。在这些理论的启发下，大量实证研究表明：家庭氛围、学校氛围和人际关系等因素对大学生的心理健康起着重要的作用。近年来有研究者将"危险性因素"与"保护性因素"的概念引入心理危机的研究中，为危机干预的实践提供了新的思路。"危险性因素"是指个人、家庭、学校和社会中的不良因素，这些因素会加剧个体的不良行为。"保护性因素"是指那些能够改善个体对危机事件的反应，以避免产生不良后果的个人、家庭、学校和社会等因素。

2.及时掌握大学生的心理压力源

心理危机发生于个体缺乏有效资源应对当前压力的情境中，亦即"危险性因素"和"应激性因素"的共同作用导致危机爆发。大学生在心理危机状态下会表现出一系列情绪、认知、行为及生理反应，这是识别大学生心理危机的重要指标。因此，除收集评估大学生心理危机的"危险性因素"和"保护性因素"外，还需要及时掌握大学生压力源，从而为心理危机的预测管理提供参考。根据王定福的研究，大学生压力源按程度大小依次为学习压力、自主与独立压力、家庭与经济压力、前程压力、社交与人际关系压力、异性关系压力、重大与突发性压力等方面。

3.建立动态化的心理档案

心理档案的建立并不是一劳永逸的事情，对每位大学生心理压力源、"危险性因素"和"保护性因素"的收集也不是一次心理普查就可以解决的。因此，我们需要建立动态的心理档案系统，结合辅导员"谈心谈话"制度，及时录入各种最新的心理健康信息，这样就可以及时、准确地把握每位学生的心理动向，真正做到心理问题"早发现、早干预"，防患于未然。

（二）加快完善心理辅导与咨询服务系统建设

心理辅导与咨询是预防性心理育人的核心和关键。该系统的主要承担者是学校的专兼职心理健康教育教师，他们自觉运用心理学的理论、原理和方法，对多数学生共同的心理行为问题进行团体心理辅导，对少数有较严重心理困扰和心理障碍的学生进行个别心理辅导与心理咨询，努力挖掘学生自身潜能，在此基础上提高学生解决自身心理行为问题的能力，促进自我教育与自我成长。

1.心理辅导工作是连接心理健康教育和心理危机干预的枢纽

一方面，只有具备良好的个案心理辅导经验的教师，才可能面向全体学生开展有效的心理健康教育，否则这项工作很容易流于表面；另一方面，心理辅导有助于识别并及时发现潜在的心理危机，为学生提供专业支持或及时将存在心理危机的学生转介到专科医院，把心理危机干预向前移，减少危机事件出现的概率。如果缺少这样的一个工作场所和接触学生的机会，一些需要得到特殊帮助的学生就有可能一步步走向严重的心理危机。心理辅导室建设是一项系统工程。心理辅导室的场所、需要配备的设备、对环境的要求等较简单，短期内就可以达到较高的普及率。然而，要让心理辅导室真正发挥作用，一方面需要能够提供专业的服务，另一方面还要不断地提高学生的心理健康意识，使学生愿意主动地接受心理辅导室的服务。

2.提高心理辅导室从业者的专业水平

这一点受制于我国心理健康服务的现状，是整个学校心理健康服务体系的"瓶颈"。对学校心理健康服务体系而言，心理辅导和咨询者的专业水平会对心理健康服务的质量产生举足轻重的影响。课程教学因为是面向全体学生，即使专业水平不高，通常也不至于给学生带来具有伤害性的影响。在危机干预层面，心理辅导和咨询的专业水平此时可能也不是最重要的，进行必要的转介或制度层面的考量可能更为重要。而进行心理辅导和咨询时，学生通常处在心理脆弱的状态，如果提供服务的心理健康教育教师专业水平较低，缺乏相应的技能与资质，则很可能给学生带来重大的心理创伤。因此，对于心理辅导室建设而言，从业者的专业水平是主要考虑的因素。

3.不断丰富心理辅导室的服务形式

个别辅导和咨询是心理辅导室最常见的工作形式，其优势是能够在较深的层面提供个性化的服务。团体或小组辅导，也是比较常用的形式，比较适合解决一些人际关系、新生适应或者成员具有相似问题的情况，其优势在于同时面对多人，并且团体创造的实际人际接触体验尤其适用于人际适应障碍类的主题。另外，推进同伴互助、朋辈辅导对于心理健康服务体系建设具有重要的意义。同伴互助、朋辈辅导对于解决学生的学习和适应问题具有得天独厚的优势，朋辈之间更容易相互理解和产生共鸣。而且在朋辈辅导过程中建立起来的人际关系也是学生现实人际关系的一部分，拥有这样一份相对融洽、亲密的人际关系，本身就具有心理上的积极意义。

（三）完善危机预防与干预服务系统

1.做好日常危机预防

日常危机预防是学校心理健康服务体系中的重要组成部分，通常包括三个层面：初级预防，面向全体学生的心理健康教育；二级预防，面向潜在危机个体的预防和干预，有潜在危机的个体通常指那些被诊断为有早期功能紊乱的学生，他们正在或已经遭受各种严重的心理冲突，可能会出现严重的心理疾病，通常需要对其进行心理辅导、咨询，或提请家庭、所在院系、班级予以关注；三级预防，指对于已经有严重心理困扰的学生，应直接进入危机干预程序或转介，以避免发生可能的真实危机。

2.提升危机发生时的应对效率

学校危机事件，一般包括自杀、暴力冲突、意外事故、精神分裂、自然灾害等引起的心理创伤。这些事件通常对个体的学习和工作产生很大的影响和冲击，使他们处于危机状态。因此，危机干预的应对效率在此显得尤为重要，学校心理健康服务人员通过危机干预，可以帮助学生有效面对危机事件，帮助其恢复到正常状态。另外，社会资源和人际支持也是危机应对时的重要因素。有时仅仅凭借心理健康工作人员的力量显得力不从心，因此应建立一个纵向危机应对联动机制，确保在第一时间及时响应，提供支援和帮助，这是心理危机发生后有效应对的保障。纵向是指自上而下包括不同级别部门人员的加入，方便调动资源和获得支持。在实际操作中需要相应制度加以完善和保障。

3.发挥德育、思想政治工作队伍和班主任的力量

任何时候，高校心理育人的队伍都不仅仅包括专业人士和专职人员。在学校心理健康服务体系建设中，各级各类学校要善于利用现有的资源，把德育或思想政治工作队伍作为心理健康服务体系的重要组成部分。在推进这项工作的过程中，遇到的最大阻碍可能就是工作方法和工作理念的差异。因此，可以对德育或思想政治工作队伍进行危机预防和干预知识的系统培训，尤其是掌握危机识别的方法和技能。班主任、辅导员接受系统的危机预防、识别与干预知识和技能培训，对于推进学校心理危机预防与干预服务系统的建设至关重要。

对新时代大学生开展心理育人工作，是一项关乎民族发展和人类进步的重要工作，这项工作不可能一蹴而就，而是要循序渐进，联合学校、家庭、社会的共同力量，利用和整合已有的资源和优势，建立一个多层次、全方位的发展性与预防性兼具的心理育人体系，规划心理育人的完整内容，构建心理育人的实施途径，从而最终实现促进大学生德才兼备、红专并进、成长成才的目的。相信依靠国家政策、专家引领、一线教师的共同努力，高校心理育人工作一定会得到更广范围、更深程度、更高水平的发展。

第六章　积极心理学视角下的
高校心理育人途径

我国高等教育承担着为社会主义现代化事业培养高层次专门人才的任务，重视和加强大学生心理健康教育，优化大学生的心理素质是新时期高校心理育人的一项重要任务。

第一节　积极心理学的基础知识与思想

一、积极心理学的概念和产生背景

（一）积极心理学的概念

积极心理学是美国心理学界兴起的一个较新的研究领域，它的出现和发展与心理学家塞利格曼（Martin E.P. Seligman）的倡导是分不开的。塞利格曼认为，当代心理学正处于新的历史转折时期，心理学家扮演着极为重要的角色并肩负着新的使命，那就是如何促进个人与社会的发展，帮助人们走向幸福，使儿童健康成长，使家庭幸福美满，使员工心情舒畅，使公众称心如意。塞利格曼在 1996 年当选为美国心理学会主席后，到处呼吁积极心理学运动，并把创建积极心理学看作自己的一项重要使命。

什么是积极心理学？谢尔顿（Kennon M. Sheldon）和劳拉·金（Laura King）认为："积极心理学是致力于研究人的发展潜能和美德等积极品质的一门科学。"

积极心理学把自己研究的重点放在人自身的积极因素方面，主张心理学要以人实际的、潜在的、具有建设性的力量、美德和善端为出发点，提倡用一种积极的心态来对人的许多心理现象（包括心理问题）做出新的解读，从而激发人自身内在的积极力量和优秀品质，并利用这些积极力量和优秀品质来帮助有问题的人、普通人或具有一定天赋的人最大限度地挖掘自己的潜力并获得良好的生活。

（二）积极心理学的产生背景

积极心理学的研究最早可追溯到 20 世纪 30 年代特曼（Lewis Terman）关于天才和婚姻幸福感的研究，以及荣格（Carl Gustav Jung）的关于生活意义的研究。但第二次世界大战时这种研究中断了。第二次世界大战后的西方心理学把研究重点放在了问题和障碍心理上，而几乎没有对人的积极人格等方面的研究。一直到 20 世纪五六十年代，一些心理学家才开始研究人的积极品质，特别是人本主义心理学开创者马斯洛（Abraham Harold Maslow）认为，心理学作为一门科学，在研究人类消极方面取得的成功远远大于它在人类积极方面的研究。他认为我们必须了解心理学的现状，了解它的天职，纠正这种状况。人本主义的另一位杰出代表罗杰斯（Carl Ransom Rogers）认为，人在本性上是富有建设性的，要努力保持一种乐观的感受和自我实现的感受，只要我们用亲切和积极的态度对待他们，每个人都会成为一个充满爱和期望的人。

人本主义思潮在一定程度上引起心理学对心理活动积极方面的重视，开始出现有关主观幸福感、乐观、满意、情绪平衡、正向情感等方面的研究。正如塞利格曼所言："当一个国家或民族被饥饿和战争所困扰的时候，社会科学和心理学的任务主要是抵御和治疗创伤；但在没有社会混乱的和平时期，致力于使人们生活得更美好则成为他们的主要使命。"

随着人们对生活质量的要求不断提高，他们比以前更渴望过有意义的生活，因此对正常人的研究越来越引起心理学家的重视，越来越多的心理学家意识到心理学不仅要研究心理疾病，更应该研究人的积极品质，只有人类自身的积极品质才是人类发展的关键因素。最近心理学家通过 Psychinfo（心理科学）数据库进行搜索发现：幸福感与心理疾病在过去的 5 年里上万次被引用，对包括健康、快乐、生活质量和其他有关主题词进行更广泛的搜索，数量则更多。

在这种背景下，积极心理学的思想一经提出，就受到了人们广泛的关注。

二、积极心理学的主要观点

（一）实现心理学的价值平衡

心理学自成为一门独立的学科以来就具有三项使命：治疗人的精神和心理疾病，帮助普通人生活得更充实幸福，发现并培养具有非凡才能的人。第二次世界大战后，心理学家把研究重点放在了研究人的心理问题上，侧重于研究一些外在刺激带给人的消极影响及其消除方法，把人看作一种被动的只会对外界强化刺激做出反应的生物，认为只有被指出并纠正了缺点和问题，他才会做出相应的反应。积极心理学把这种心理学模式称为"病理式"心理学，也称为消极心理学。消极心理学过分强调自己的矫正功能，习惯于从问题入手开展工作，这种研究范式使许多心理学家学会了如何在困境中帮助他人得到改变，并使其生活幸福，但却不知道如何对待良好条件下的社会成员。而且这种研究范式的工作重点常常在少部分问题成员身上，忽视了全体成员主动发展并生活幸福的愿望，即忽视了心理学在个体积极特质如勇气、乐观、理想、信念、热情、诚实、坚韧等方面的促进作用。

积极心理学认为，心理学不应仅对损失、缺陷和伤害进行研究，而是应对人类自身所拥有的潜能、力量和美德进行研究，强调心理学应实现基本价值回归的再次平衡，因此积极心理学是对当代心理学研究价值的一种重新回归，它充分体现了以人为本的思想，提倡积极人性论，它主张使人的潜力得到充分发掘并生活幸福。它把培育人的积极品质作为社会科学研究本身的根本目标，这样就使其目标和人性目标高度一致，使人与社会和谐相处。

（二）强调研究每个人的积极力量

积极力量就是指正向的、具有建设性的力量和潜力。积极心理学主要从三个层面来研究人的积极力量。一是从主观层面上，主张心理学要研究个体对待过去、现在和将来的积极主观体验。在对待过去方面，主要研究满足、满意、安宁、成就感等积极体验；在对待现在方面，主要研究高兴、幸福和身体愉悦等方面；在对待将来方面，主要研究乐观、充满信心和希望等积极体验。二是从个体层面上，主张研究积极人格。积极心理学在人格研究中特别强调研究人格中所包含的积极方面和积极特质，特别是研究人格中关于积极力量和美德的人格特质，在这方面，积极心理学研究了包括智慧、友好、尊严和慈祥等 24 种人格特质。三是从集体层面上，主张研究积极的社会系统。它主要研究家庭、学校和社会等组织系统，提出这些系统的建立要有利于培育和发展人的积极力量和积极品质。

（三）提倡对问题做出积极的解释

积极心理学提倡对个体和社会所具有的问题做出积极的解释。积极心理学认为，心理问题本身虽然不能为人类增添力量和优秀品质，但问题的出现也为人类提供了一个展现自己优秀品质和潜在能力的机会。

积极心理学主张从两个方面来寻求问题的积极意义：一方面是多方面探寻问题产生的根本原因，另一方面是从问题本身去获得积极的体验。

三、积极心理学研究的主要领域

（一）个体的积极情绪和体验

积极的情绪和体验是积极心理学研究的重要内容。积极情绪是指能激发个体产生接近性行为或行为倾向的情绪，包括主观满意感和满足、希望和快乐等。

弗雷德里克森（Barbara L. Fredrickson）针对积极情绪的特定功能提出了自己的"积极情绪扩建理论"，认为每一种情绪都有自己相对应的特别的行为，这种行为倾向一种是逃避倾向，另一种是接近倾向。积极情绪能促使人主动地去接近，并且能扩大个人瞬间的思想和行为指令系统，使人产生更多的思想和行为。这种行为不仅表现在社会性行为和身体行为上，也表现在智力行为和艺术行为上。

积极情绪和消极情绪的应激保护不同，它能通过扩建个体即时的思想或行为资源而帮助个体建立起持久的个人发展资源，这些资源趋向于从长远的角度、间接的方式给个体带来各种利益，促使个体发挥自己的主动性，从而产生多种思想和行为，特别是能产生一些创新性的思想和行为，并把这些思想和行为迁移到其他方面，如兴趣、满意、高兴、爱等。

积极体验是指个体满意地回忆过去、幸福和从容不迫地感受现在并对未来充满希望的一种心理状态。具体地，积极体验主要有两种。第一种是感官愉悦，这是一种满足机体自身张力的积极体验，如食欲等被满足时产生的体验。第二种是心理享受，这种心理享受来自个体打破自己固有的某种自我平衡时所产生的积极体验，即个体所做的超越了自身的原有状态后所带来的一种体验，如运动员在比赛中创造了新的纪录，学生解决了一道难题等。与感官愉悦相比，心理享受类积极体验常常与个体的创造相关联，更具有社会意义和个人意义，也更有利于个体的成长和幸福感的产生。

（二）个体的人格特质

在积极心理学中，积极的人格也引起了许多研究者的兴趣。积极心理学认为，传统的人格心理学在过去一段时间内过分关注问题人格或人格形成的问题，而对良好人格的形成和发展一无所知，积极心理学对人格的研究是以反思和批评传统人格心理学研究中所存在的问题来进行的。它强调人格心理学要成为一种平衡的人格心理学，人格研究既要研究消除各种人格问题，更要研究助长良好人格的积极方面。它相信在每一个人的内心深处都存在着两股抗争的力量：一股力量是消极的——压抑、侵犯、恐惧、生气、贪婪、自卑、高傲；另一股力量是积极的——喜悦、快乐、平和、爱、希望、责任、宁静、谦逊、仁慈、宽容、友谊、同情心、慷慨、真理、忠贞和幸福等。积极心理学认为，只有人所固有的积极力量得到培育和增长，消极方面的力量才能被消除或抑制。

积极心理学认为，人格是由人的内部机制、外部行为和社会环境之间的交互作用形成的，但更强调后天社会环境对人格的影响作用。它认为在外在的社会影响被内化的过程中，积极的体验起到了至关重要的中介作用。

积极心理学认为，积极人格特质主要是通过对个体的各种现实能力和潜在能力加以激发和强化的，当激发和强化使某种现实能力或潜在能力变成一种习惯性的工作方式时，也就形成了积极人格特质。在积极人格中，引起较多关注的是主观满意感、自我决定性和乐观。积极心理学认为主观满意感是积极人格的核心特质，指主体主观上对自己已有的生活状态正是自己心目中理想的生活状态的一种肯定态度。主观满意感是主观的、因人而异的。自我决定性是指个体对自己的发展能做出某种合适的选择并加以坚持。美国心理学家德西（Edward L. Deci）和瑞恩（Richard M. Ryan）等人认为，自我决定性人格特质对个体的内在动机、社会性发展和幸福具有较大的促进作用，而这种促进作用主要是通过认知评价来实现的。乐观人格特质是指个体对自己的外显行为和周围所存在的客观事物能产生一种积极体验。大部分积极心理学家认为，乐观虽然具有一定的天性成分，但主要还是后天形成的，大部分人可以通过学习而获得"习得性乐观"。在一个人形成了乐观人格特质以后，那他常常会把生活中所遇到的困难归因于外在的因素,在任何条件下他都会朝着好的结果去努力。这种乐观的态度能使他们免于抑郁,增进健康,促进事业成功。所以,塞利格曼把乐观称为"成功人生的第三个要素"。

(三)积极的组织系统

积极心理学研究积极的组织系统,认为人的经验、潜力是在健康的家庭、关系良好的社区、有效能的学校等积极的社会组织系统中体现的,同时也受其影响。它认为社会组织系统不仅是构建积极人格的支持力量,而且是个体不断产生积极体验的最直接的来源。积极组织系统指的是在群体层面上研究造就人类幸福的环境条件及影响天才发展、创造力得以体现、培养、发挥的环境因素。

积极心理学关于天才的研究表明,天才儿童的产生与父母及家庭环境的关系很密切。对于创造力是先天的还是后天培养的这一话题,美国心理学家经过无数有关创造力的研究后认为,许多被誉为"天才"或"杰出者"的人,常常有刻意练习的习惯,即创造力是源于普通认知过程的一种脑力活动,更多的是培养出来的,而非与生俱来的才能。

四、积极心理学关于心理预防和心理治疗的思想

(一)积极心理学关于心理预防的思想

在 20 世纪最后 10 年的研究中,心理学家开始关注对心理疾患的预防。例如,1998 年美国心理学协会年会的主要议题就是预防。近年来,对心理疾患的预防更是引起了心理学家的广泛关注。在如何预防问题方面,传统心理学的预防观是针对成员外部环境的不良影响而采取措施,并从外部制定规章制度,期望用这种方式来预防问题的产生。积极心理学提出了积极预防的思想,它认为单纯地关注个体身上的缺陷并不能产生有效的预防效果,而通过发掘人的自身力量就可以做到有效的预防,它认为在预防工作中最主要的工作是有效地测量这些品质并通过个体内部系统地塑造这些品质,而不仅仅只是消除存在的问题。人类自身存在着可以抵御各种精神疾病的力量,他们发现人自身的积极品质和积极力量(爱心、胜任、爱美性、乐观、勇气、工作热情、对未来充满希望等)才是预防问题产生的最好工具。

（二）积极心理学关于心理治疗的思想

长期以来的心理治疗一直存在一个重大问题,即把工作重点放在对病人病痛的评估或治疗上,大量研究一些外在的紧张性刺激给病人心理所带来的消极影响,以医生治疗病人身体疾病的模式来对待心理疾病。因此,传统心理治疗者总是致力于修复病人损坏的习惯、损坏的动机、损坏的童年、损坏的大脑,期望通过修复病人的这些损坏部分来达到治愈病人的目的。

积极心理治疗把自己的注意力集中在病人自身的能力上而不是集中在病人的疾病上。积极心理治疗者认为,治疗并非首先以消除病人身上现有的紊乱为准（目的）,而在于发动病人身上存在的种种能力和自助潜力……事实和给定的东西不一定是障碍和紊乱,也是每个人与生俱来的种种能力。

积极心理学认为,要把心理治疗的对象看作整体的人,而不是疾病的载体,既要看到疾病,也要看到人的潜能,通过心理治疗使求助者树立起信心和希望,调动其自身的潜在力量。

由积极心理学的理论可以看出,积极心理学展示了一种新的理念,即积极心理教育理念,这种理念将心理学研究的重点放在人的积极品质和挖掘人的潜力上,这种理念对我国大学生心理健康教育的发展将产生一定的影响,使我们的心理教育也转向积极方面,进行积极心理教育。

第二节 构建大学生心理健康教育的
积极模式

在教育目标上,积极心理健康教育以增进大学生的主观幸福感为主要目标。主观幸福感是指个体对本身的快乐和生活质量等"幸福感"指标的感觉。消极心理学的问题被消除的同时能给人类和人类社会带来繁荣。它关注的不是人本身,而是人或人类社会中存在的问题,因而背离了社会必须以人为本的基本原则。今天的社会,人类的一切活动不再是为了生存,而是为了生存得更幸福。人不仅仅是为了没有问题而存在,还是为了生活幸福而活着。让所有人幸福是我们当代社会的主旋律。在这样的社会背景下，教育也要体现这一主题，让学生生活得更幸福，让学生过得更有积极意义。大学生有了幸福感，就能产生积极的心理效应，形成良性循环。这无论是对个人还是对社会都是有益的。因此，在大学生积极心理健康教育中要充分体现以人为本的思想，提倡积极教育，培养大学生乐观向上的心理品质，充分开发其潜能，为大学生的生存和发展提供积极的心理保障。

一、大学生积极心理健康教育的内容

根据积极心理学的理论和我国当代大学生的特点，大学生积极心理健康教育的内容主要有以下几个方面：

（一）积极人格的培养

积极人格作为人格中的动力，不仅可以预防消极人格的破坏作用，还能够促进人们积极适应能力的发展，维护人们的生理健康和心理健康。研究表明：个体所具备的积极品质有助于促进人类的生理健康。有学者从艾滋病感染者的问卷调查和其后他们的病情发展情况发现，那些接受死亡现实的感染者（现实接受问卷得分高）要比得分低者早去世 9 个月。消极的预期会使艾滋病症状更早出现。

研究表明，消极的情绪状态相应地减少了免疫系统的活动，而积极品质在人们的心理健康方面起了重要的作用。目前，越来越多的研究者采用主观幸福感作为心理状况的重要指标。有学者指出，主观幸福感水平较高的人在应对问题时能够采取更积极和有意识的良好方式。

21 世纪的大学生是充满朝气、充满活力的新生代，他们应该具备积极、健康的人格。根据积极心理学对人格的研究及我国大学生心理发展的实际情况，笔者认为，当代大学生积极人格的培养应包含以下几个方面的内容：

1.自我观念的教育

自我观念实际是指个人从经验中对自己一切的知觉、了解和感受，包括对"我是谁？""我是什么样的人？"等问题的可能答案。这些答案汇集起来就形成了个人的自我观念。

自我观念是一种"调节变量"，它在人的心理活动中起着认知、过滤、行为启动和生活目标设立等作用。自我观念对心理健康起着积极的作用还是消极的作用，取决于个人具有怎样的自我观念。健康、积极的自我观念是促进健康人格形成的重要动力，而消极的自我观念则会影响人们各方面的发展。社会心理学家认为，一个人心目中的自我是什么样的，他的生活就是什么样的，一个人的自我观念决定着他的整个生存方式。大学生深切地关心自己的发展，自我意识不断增强，自信心普遍强烈，希望自己成功。教师要让他们在教育过程中感受到成功，当他们想象自己是一个成功型的人时，就会自然地发现，自己很多时候都是生活中的成功者，可以从生活中找出各种各样的理由来证明自己是一个成功者，由此产生积极的生活、工作态度。而当他们想象自己是一个失败型的人时，尽管他们有良好的愿望、顽强的意志力，甚至时机也完全有利，但还是会不断地寻找各种理由来证实自己是一个失败者。因此，积极的自我观念是至关重要的，它会直接或间接地影响到做事的结果，甚至人一生的命运。自我的发展是人格发展和形成的核心，积极的自我观念是健康人格的主要标志之一。

在教育过程中，我们首先需要引导学生通过自省、社会比较和建立正确的自我评价参照标准来正确地认识自我，了解自己生理和身体上的发育成长，了解自己的心理特点、心理状况，包括自己的兴趣、情绪、性格和特长等，了解自己在人际交往中的位置、作用、角色。其次要教育学生悦纳自我，处理好现实自我与理想自我的关系，不要过度自我批评，因为过度自我批评一旦形成习惯，就会致使一个人养成自我否定的习惯，形成自责性的自我观念。

2.人际关系指导

人际交往是青年健康成长的基本条件，要培养他们认同他人、保持积极人际交往的态度。马斯洛认为，人人都具有一种基本需要——他需要归属于一定的社会集体，他需要得到他人的关怀和尊重，这些社会需要是与吃饭穿衣等生理需要同等重要的，它非得被满足不可，否则将使主体丧失安全感，进而影响心理健康。

社会学和人类学的研究更是肯定群体合作具有生物保存与适应的功能，认同社会、认同他人才能与他人进行正常的交往。人际关系对大学生的心理健康具有重要意义。

首先，它可以满足大学生的原发性心理需求。追求自我价值感和安全感是人的最根本的原发性心理需求，是保持心理健康的基础。这种原发性心理需求被满足了，人就会保持自信、自尊和自我稳定感，充满希望和热情。否则人就会自卑、自我厌恶、自我否定，进而自暴自弃。自我价值感的确立和安全感的获得，是在有效人际交往过程中实现的，没有人际交往，自我价值感和安全感就无从谈起。

其次，它可以促进大学生心理成熟。在人际交往的过程中，他们可以从他人的褒贬中掌握自己的优点、缺点，不断完善自己来适应社会，这个过程既是一个人自我成长的过程，也是一个人心理成熟的过程。人的心理是在人际交往中逐渐成熟完善起来的，尤其是大学生正处于心理从不成熟向成熟过渡的关键时期，这个时期最重要的就是认识、完善和发展自我。所以，人际交往对促进大学生心理成熟尤为重要。

最后，它可以维持大学生的心理健康。在日常学习和生活中，随时都有可能发生一些应激事件，大学生的心理还不完全成熟，情感丰富不稳定，如果在发生应激事件时有好朋友倾诉，心情就会得到缓解，问题就会得到解决；但如果没有积极的人际交往态度，孤僻内向，遇到问题时就只能把问题淤积在心里，以致形成抑郁甚至轻生。所以，良好的人际关系对大学生维持心理健康有着特殊的意义。

在积极心理健康教育中，教师要培养学生尊重、真诚、理解和宽容的人际关系态度，同时帮助大学生掌握人际交往的技能，使大学生能够在交往的过程中客观地评价自己和他人，保持自我个性，承认与他人的差异，在团体中明确角色期待，学会角色扮演，勇于竞争，善于合作，在与他人的积极交往中不断完善自身人格的塑造。

3.情绪教育

心理学家埃普斯顿（David Epston）在《人类情绪的生态学研究》一文中，介绍了他对大学生的自我观念、情绪与行为变化之间关系的研究成果。研究表明：当体验到积极情绪时，大学生的行为目标也往往是积极的、生动的；当体验到消极情绪时，一部分大学生的情绪变得消极，而另一部分大学生的行为并没有向消极方面转化，而是吸取教训，准备再次面对困难。情绪教育就是使学生身心感到愉快的教育。大学生的情绪情感处于急剧发展时期，他们有着丰富、复杂的感情世界，情绪体验快而强烈。他们的情绪一旦触发，容易引起共鸣，而情绪受挫，则马上低落消沉、悲观失望。因而情绪教育对大学生的健康成长有极其重要的意义。

过去心理学研究所注重的是负向情绪及它所引发的心理疾病，现在正向的、积极的情绪正引起人们的重视。因为人们发现，当正向情绪出现时，负向情绪便被排挤出去了。乐观的情绪是身心和谐的象征，是心理健康的重要标志。现代科学也进一步证明，乐观情绪可以使人体内的神经系统、内分泌系统的自动调节机能处于最佳状态，有利于促进身体健康，也有利于促进人的知觉、记忆、想象、思维、意志等心理活动。

而负向情绪（如愤怒、恐惧、焦虑）的出现会使人体抑制肾上腺皮质激素的分泌，使得人体免疫力降低。若负向情绪长期无法缓解，还会引发各种神经官能症，导致日常生活无序，破坏正常社会功能。

大学时期是青年人心理成熟的重要时期，也是情感丰富多变、相对不稳定的时期，情绪的变化会左右他们的生理和心理，在他们的学习和生活中产生重要影响。

首先，情绪教育要引导大学生调节和控制自我情绪，学会保持平和的心境，避免消极情绪的出现。

其次，情绪教育要注意激发大学生积极的情感体验，尤其是自尊心和自信心的体验。这是对自我价值充分认识和高度评价而形成的情绪体验，是人格发展的内在源泉。

最后，情绪教育要注意培养大学生的社会性情感。社会性情感的培养主要围绕理智感、道德感和美感三个方面进行。

4.积极心态的培养

心态是由当前和过去经验引起个体心理活动在一段时间里出现的相对稳定的持续状态，是个体的心理过程和个性心理在特定时间内的综合表现，它是人的心理对各种信息刺激做出反应的趋向。人的心态对人的思维、行为具有导向和支配的作用。我们可以从一则故事来看出心态是怎样影响行为并带来不同结果的：

有一头老驴掉进了一口废弃的枯井里，井很深，它根本爬不上来，主人看它是头老驴，也就懒得费时费力去救它，就让它在那里自生自灭。刚开始时，连那头老驴自己都放弃了求生的意志。更糟糕的是，每天都有人不断地往枯井里倒垃圾。老驴很生气，认为自己掉到了井里已经很倒霉了，主人又不要自己，现在居然连死也不能死得舒服点，每天还有那么多垃圾倒下来。一天天过去了，老驴渐渐地被垃圾淹没，身体变得越来越虚弱。可是有一天，它决定改变它的生活态度。它集中最后一点力量，抖落身上的垃圾，站了起来，接着每天它都把垃圾踩在自己的脚下，从垃圾中找一点残羹剩饭来维持自己的体力。终于有一天，它重新回到了地面，开始了新的生活。在老驴抖落垃圾的那一瞬间，它完成了从死到生的转变。由此可见，态度决定人生，不同的心态直接导致不同的结果。

心态有积极心态，也有消极心态。积极心态是一种正向、乐观、进取的心态，表现为一种积极的人生态度，即热爱自己、热爱他人、热爱学习、热爱工作、热爱自然、热爱生活。它让人以乐观的态度看待一切，能够从积极的方面看待事物，从而能够自觉、主动、自主、创新地开展工作。积极的心态还表现在自己的能力和客观现实不允许自己做某一件事情时，能够主动地放弃并愉快地接受这一事实，进而主动地做自己能做的事情。这种心态的主要表现是：在认知上，以积极思维看待问题；在情感上，回忆过去有满意感，对待现在会有幸福感，面对未来充满希望；在行为上，表现为积极、进取、挑战等积极品质。而消极心态则相反，它由悲观、抱怨、等待等构成。

大学生的健康成长需要良好的心理素质。良好的心理素质包含两层意思：一是没有心理疾病，二是具有积极的心态。具有积极心态的大学生对人对事较客观，情绪饱满，把学习看成自己的主观需要，目标明确，成就动机较高，生活很充实。对大学生来说，乐观的人生态度对其自信心和未来前途的期待有重大影响。如果具备乐观的态度，他就会把每次成功当作自己能力的检验，从而进一步增强自信心，而面临挫折时，他也许会从中吸取教训，进而改善自己。

5.耐挫能力的培养

耐挫能力又称挫折的耐受能力、挫折承受力，是指个体对挫折可忍耐、可接受程度的大小。随着社会的不断发展和伴随而来的高等教育体制改革，部分学生由于主观愿望与客观实际发生脱节而遭受挫折。通过调查分析，近年来，大学生遭受挫折的状况表现出人数增多、范围扩大、后果严重等特点。由于大学生的心理发展还不平衡，所以挫折很容易引起他们的消极行为，如退缩、敏感、攻击等，长此以往，他们的人格就会偏向发展。对于大学生遇到的挫折，要正确地看待，因为挫折对大学生来说有着积极的影响。

首先，挫折能增强大学生心理的有益作用。挫折是一种内驱力，它能推动个体为实现目标而做出更大的努力，花费更多的精力。社会生活中有许多身处逆境但通过努力实现自己夙愿的佼佼者，他们的成功就是挫折驱动的结果。

其次，挫折能增强大学生的容忍力。个体对挫折容忍力的大小，与其过去生活中的挫折经验有关。如果一个人从小到大一帆风顺，畅通无阻，从未遇到失败与不幸，或一遇挫折就逃避，则其容忍力极小，这类人极少会取得成就。个体经受挫折的锻炼多了，对挫折的容忍力就会增强。

最后，挫折能提高大学生的认知水平。一个人在面对挫折时，往往会总结经验，吸取教训，改变策略，最终实现目标，即所谓"吃一堑，长一智"。

所以我们要培养大学生对挫折的正确认识，培养他们在挫折来临时正确运用积极性防卫机制，即勇于面对，正确分析产生挫折的主客观原因，总结经验的积极行为方式，如补偿、幽默、升华等机制。在教育过程中，高校要着重构建有利于大学生身心健康的校园环境，并让大学生到社会大环境中去参与实践，磨炼他们的意志品质，增强他们的耐挫能力，提升他们的价值感；同时还要致力于正确疏导，在挫折发生之前做好分类分析、重点访谈、跟踪记录等工作，并通过丰富多彩的校园文化加以引导。

6.自尊的培养

19 世纪末，詹姆斯提出自尊模型，开始采用心理学对自尊进行研究，他认为自尊就是指个体的成就感，是个体对所获结果重要性的主观评价，在他的《心理学原理》一书中提出了著名的自尊公式"自尊＝成功/抱负"，即自尊取决于个体实际成就与其理想、期望之比。

20 世纪以后，人们更倾向于从社会文化环境方面来看待自尊，认为自尊其实就是社会环境对自我的一种反映。社会认同理论认为，人们是部分地根据自己所属的社会群体或群体种类来定义自我的，因此人的自我知觉、自我评价、自尊等都受到所属群体的影响。当一个人经常受到来自群体的批评、忽视和拒绝时，他就会形成较低的自尊；而当他经常受到自己所属群体的赞扬、重视和接纳时，他就会形成较高的自尊。因此，个体的自尊其实是来源于其周围的人对他的看法。

那么究竟什么是自尊呢？有学者运用现象逻辑学的方法，以时间为线索，对历史上出现并经受了时间考验的自尊定义进行了整理，提出了一个"综合性"的描述，认为自尊是个体能不断地以一种有价值的方式应对生活挑战的能力状态。

国内外学者在自尊与心理健康方面进行了各种实证研究，这些研究都证明了自尊是心理健康重要的决定因素。自尊对青少年和成人的心理健康具有很强的预测作用。

有学者对自尊在大学生人格、羞耻感与心理健康关系模型中的作用进行研究，结果表明自尊对心理症状有显著的直接影响作用。高自尊者通常自我感觉较好，对自己的评价较积极，倾向于认为自己有能力，因而能体验到积极的情感，能够接纳和喜欢自己，能够保持较好的心理状态；而低自尊者通常对自己持消极否定的态度，看不到自己的价值所在，从而表现出严重的自卑心理，自我评价过低，经常有消极的情感体验，社会适应严重不良，害怕与人交往。另有学者在对大学生自尊和人格特征的影响因素分析中表明：大学生人格中的乐群性、稳定性、恃强性、活泼性、有恒性、敢为性、幻想性、自律性与自尊水平呈显著正相关；而怀疑性、忧虑性、紧张性则与自尊水平呈显著负相关。也就是说，性格外向、活泼开朗、情绪稳定、好强上进、有恒负责、自信敢为、富于想象、自律严谨的大学生更倾向于有高的自尊水平；而个性悲观、固执己见、怀疑戒备、紧张焦虑等个性因素则使大学生更倾向于有低的自尊水平。

这些研究都表明，自尊作为自我系统的重要特质对大学生健康心理及良好个性的形成有着积极的影响，它不仅是心理健康的主要标志，而且影响着个性发展的方向。

在培养大学生自尊的过程中，可以通过以下方式提升自尊：

首先，可以适当地应用社会比较的方式。在学习和生活中，大学生会自觉不自觉地拿自己与周围的人比较，通过比较看到自己的优势和价值，从而提升自尊。当自己比有关系联结的他人更成功、更有优势时，他们就会拉近与他们的距离而在社会比较中获得自尊；而当自己不如有关系联结的他人时，他们就会适当拉开彼此的距离，减少可比性，采用替代性资源策略而获得自尊。

其次，通过引导大学生主动地寻求积极的反馈或评价来提升自尊。在一般情况下，人们都会通过寻求积极的信息反馈或评价来提高自我价值感。但是，与具有积极自我概念的人相比，具有消极自我概念的人更倾向于采集积极信息反馈或评价来提高其自我价值感。

最后，在大学生遭受外来挫折和威胁时，教师要引导他们主动寻求一些印象管理的策略来保护自尊。在一般情况下，人们通常采用的印象管理策略有自我设阻和自我表现。自我设阻就是通过故意在追求成功的道路上设置障碍，从而为自己不能达到的成绩找到借口的行为策略；自我表现就是人们自觉的印象控制过程，即在现实生活中，人们经常有意识地按照一定模式表现自己，以便给他人留下所期望的印象，借此维护自尊。

（二）积极校园环境的创建

大学生心理健康教育处于校园环境的大系统中，其不可避免地要受到这个大环境的影响，校园环境作为学校教育的支持性平台，能够起到补充其他教育途径的作用。大学生的大部分时间都在校园里，如果长时间受到良好校园环境的濡染，大学生的整体心理素质就会得到大幅度的提高。

1.积极的校园制度

积极心理学认为，积极的社会制度是构建积极人格的支持力量，也是个体积极体验的直接来源。学校教育中直接影响积极心理教育存在的领域主要是学校制度。

学校制度主要是指班级和学校教育中领导体制、规章制度、领导风格、管理模式、教学组织形式等存在的心理教育影响。高校管理制度是为维护和保证高校正常的教育教学秩序和生活秩序，保障学生身心健康，促进学生德智体美劳全面发展，依据《中华人民共和国教育法》《中华人民共和国高等教育法》及其他有关法律而制定的一系列规章制度及行为准则。大学生正处于人格的形成与发展阶段，可塑性强，因此学校需要对他们的人格发展进行积极的引导和控制，而一套完整的校园制度体系在这方面的作用是不可忽视的。良好的制度体系可以营造良好的校园秩序，规范学生的行为，形成良好的校风。而一个学校良好的校风将直接影响人才的培养，它能对大学生产生潜移默化的影响，形成一种凝聚力、约束力，使大学生产生归属感、认同感、自豪感，得到鼓励支持，具有正确的目标、积极的态度与和谐的人际关系，为学生健康人格的发展起到主导作用和提供最佳条件。大学生在学校或班级生活中不断与教师或同伴团体产生各种联系，"近朱者赤，近墨者黑"，这些因素对大学生的成长有着不可忽视的作用。

如今的高校受市场经济运行规律的影响，人才竞争不可避免，学校要树立竞争向上的思想，建立优胜劣汰的运行机制，制定相应的政策和规章制度，鼓励学生以积极的心态参与竞争，养成积极进取的心理品质。

2.积极教育理念

校园环境中还存在着丰富多彩的活动文化环境，主要表现为教学活动、科研活动、实践活动等。通过参加这些活动，大学生的自我认知、自我体验、自我控制能力、承受力、心理调节能力等都得到了不断的发展和完善。积极心理学认为，在这些领域的教育中要提倡积极教育理念。积极教育是指以人外显的和潜在的积极品质为出发点和归宿点而实施的教育，是一种对教育进行重新定位的新观念，体现了对消极传统教育的修正。积极教育认为，教育并不仅仅是纠正学生的错误和不足，更主要的应是寻找并研究学生的各种积极品质（包括外显的和潜在的），并在实践中对这些积极品质进行扩大和培育。在这个过程中，教育的作用主要在于为学生寻找或创造一个环境，使学生的那些积极品质能在这个环境中得到充分的表现和发挥。

积极教育并不是传统意义上的所谓发扬优点、克服缺点，更不是一种充满希望的良好祝愿、一种整天拍手称好的喝彩，抑或是一种光说好话的自我欺骗，它是一种内涵更丰富的教育理念。积极教育的立足点放在了学生固有的积极能力和积极潜力上，以培养学生个体层面和集体层面的积极人格为最终目标。传统意义上的发扬优点、克服缺点只是教育实践中的一种具体方法，其最终目标还是以纠正学生存在的问题或缺点为核心。同样，传统教育情境下的教育者眼里往往忽视学生个体本身，而更关注学生身上存在的问题，这使传统教育表现出了典型的非人性化特征，使学生的学习状态成了受外界压力而不得不产生的一种消极适应。事实上，每一个学生都是一个自我的决定者，他们都有为自己做出合适选择的愿望和能力。教育要改善所有的人，使他们的生活变得更幸福。在新的社会背景下需要树立积极教育的理念，这既是对传统教育的一种修正，也是在深入理解传统教育之后对未来教育的一种重新定位。

在教学、科研、实践活动中，教师要采取积极的教育态度、教学手段，注重自身教育风格对大学生心理健康发展的影响。教师要在课堂教学活动中，营造积极的课堂氛围，使学生在课堂学习中获得良好的、足够的、积极的情感体验；注重个性化教学，让学生获得学习上的收获和成功，使学生在完成任务的同时获得主体的情感愉悦。同时教师本身要拥有积极的心理和良好的情绪，注意自己的精神面貌和言行，以自己的实际行动来赢得学生的尊重和喜爱。只要所有教师都能把积极心理教育作为自己的一项使命，处处留心，在教育的过程中提高自己的心理品质，发展自己的能力，挖掘自身内在的潜力，就能够提高自己的心理素质。教师还要使用一定的方法，注意调节学生学习的心理状态，使其常处于积极的状况，积极主动地学习和思考。这样师生之间就能做到有效的沟通与互动，形成良性循环。

二、大学生积极心理健康教育的原则

积极心理健康教育在遵循传统心理健康教育原则的基础上，又有着自身的一系列原则。

（一）正面引导原则

在积极心理教育中，应从正面引导大学生对生命的热爱和珍惜，开发各种潜力，培养积极心理品质，增强心理免疫力和对不健康心理的抵抗力。在教育过程中，应该尽量去选择那些积极的主题。例如，过去我们把太多的注意力放在了悲观的心态是如何形成的，悲观如何导致抑郁，以及如何防止悲观等问题上；那么现在我们要更多地去谈论乐观的心态是如何形成的，乐观如何增进健康，以及如何去学习乐观等。

（二）成功性原则

在积极心理教育中，组织的各种教育活动都必须使学生产生成功快乐的体验、减少失败的体验。成功对大学生的发展具有很大的激励作用。心理学研究认为，学生在学习活动中取得成功和失败，会引起心理上不同的情绪体验，并且这种体验有一种循环效应。一般来说，取得成功的人，通常会得到一种自我满足和积极愉快的情绪体验，而遭受失败的人，体验到的却是一种痛苦和失望的消极情绪。

在大学生的发展过程中，自尊、自信是一种非常重要的心理品质，而成功与自尊、自信可以说是有着千丝万缕的联系。一个人如果在大学时代能对自己的学习、工作满怀成功的信心，必将会为将来从事社会事业打下良好的心理基础。在个人发展的过程中，成功本身也许并不重要，但人们需要体验到做成自己想做的事、实现自己的计划时那种满足的心情，即体验成功的感觉。所以在大学生积极心理教育中要始终贯彻成功性原则，使大学生体验成功的感觉，以激发学生固有的积极品质和潜力。

同时，由于各种主客观因素的限制，大学生在学习和生活中受挫是常有的事，关键是怎样对待所遇到的挫折和不幸。在积极心理教育的过程中，要引导和帮助学生正确面对失败。

（三）情景体验、活动参与性原则

当教育的要求通过学生积极的体验转化成学生内部的需要、感受时，教育的要求也就真正为学生所有了。因此，在积极心理教育中，要通过各种形式的教育活动创设条件，设置情景，让大学生在积极情绪体验中参与活动，从而使心理健康教育的效能得到提高。

（四）团体训练原则

积极心理教育的对象不仅仅是学生的问题和问题学生，而是全体学生心理潜能的全面开发和积极心理品质的全面发展，所以应该以那些能够涉及更广大学生群体的教育方式为主导，具体包括开设心理健康教育课程和讲座，开展团体辅导，运用各种媒介进行宣传等，要充分体现群体互动的力量，强调资源共享，传播幸福、共同进步。

（五）评价多元化原则

在积极心理教育中，为了更好地促进学生的发展，突出评价的发展性功能，评价应以形成性评价为主。在评价中，教师要采取评价尺度多元的方式对不同的学生采取不同的评价标准进行评价，使所有学生在自我努力的基础上取得自己满意的结果。这样才能使大学生正确认识自己，通过自己的努力达到自己理想中的目标，也可以让学生学会发挥优势，为自己的发展进行科学定位和科学设计。

三、大学生积极心理健康教育的途径

积极心理品质的形成是一个行为过程,也是一个心理体验的过程。积极心理学认为,增进个体的积极体验是发展个体积极人格、积极力量和积极品质的一条最有效途径。在个体有了更多的体验之后,他就会对自己提出更高的要求,同时由于这种要求来自个体的内部,所以更易形成某种人格特征。因此,在大学生积极心理健康教育中应以增进大学生的积极体验为主。

(一)积极体验在大学生心理健康教育中的作用

1.它能使大学生释放由消极情绪所造成的心理紧张

长期的消极情绪体验会给人造成严重的心理紧张,这种心理紧张能使机体长期处于应激状态,这对人的身体健康有害。世界卫生组织的有关研究表明,人体患癌症并非完全由基因和外在的各种致癌物引起的,人的心理因素也是一个值得人们高度重视的致癌因素。英国伦敦皇家抗癌研究会曾对1 080名肿瘤患者进行了调查,其调查结果显示:有81.2%的恶性肿瘤病人在患病前都曾受到过失业、离婚、失去亲人等负面生活事件的影响和刺激,也就是说他们都曾经历长期的负面情绪的体验。另外,我国心理学家在这方面的一些相关研究也发现:长期的情绪压抑容易患消化道癌症;长期的悲观、失望情绪易患子宫颈癌;长期极度焦虑、恐惧的情绪则易患乳腺癌;长期的个体情绪释放受到某种限制则是肺癌的主要诱因之一。长期的消极情绪体验会导致人机体发生病变。因此,要想拥有健康的身体,避免癌症或其他恶性疾病的发生,就必须拥有积极的情绪体验。积极的情绪体验不但能帮助人们远离癌症或其他一些机体疾病,而且即使机体生了病, 也容易通过治疗而及时得到恢复。

对大学生来说,生活中的负面事件几乎是不可避免的,再加上人性在进化过程中本身所存在的一些弱点,负面情绪也几乎是不可避免的。因此,帮助大学生摆脱负面情绪的困扰自然也就成了心理教育的一大任务。但怎样摆脱呢?过去的心理学实践已经证明,如果只是一味纠缠于负面情绪本身是不能解决这个问题的;积极心理学认为,释放由消极情绪所造成的心理紧张可以通过积极情绪的扩建作用来得以实现,也就是通过获得更多的积极情绪体验来消除这种心理紧张。心理学有关这方面的实验已经表明,积极情绪体验能控制或延缓消极情绪所导致的各种心血管的异常变化,如血压上升、心跳加快等，它能迅速使心血管的这种异常变化回归到正常的基准线。不管是活跃性程度较高的积极情绪如欣喜、兴奋等，还是活跃性程度较低的积极情绪如满足、安详等，它们都具有这种功能。

2.它能够扩大大学生的认知系统

实验表明，积极情绪体验能扩建个体的行为或思想，而消极情绪体验则能缩小个体的行为或思想。实验结果还表明，积极情绪体验和消极情绪体验本身的不同强度（唤醒水平的高低）对个体行为或思想的扩建或缩小功能也有着一定的影响。对积极情绪体验来说，强度越大，其扩建功能就越大；对消极情绪体验来说，强度越大，其缩小功能也就越大。

（二）从增进大学生积极体验入手，培养积极人格

人格是生理机制、外部行为和社会环境三者的交互作用。积极心理学特别强调，人格首先是一种外在的社会活动，然后在一定的生理机制的作用下而内化为个体的一种稳定的心理活动。从某种程度上说，人格是个体内化本身外在活动的结果。而如果外在的社会活动要被内化为个体内在的积极品质，那么积极体验在其中起了至关重要的中介作用。

积极人格的培养是一个行为过程，也是一个心理体验的过程。积极心理学注重学生在心理健康教育规则中的参与、活动与体验，注重让学生积极主动地关心自己的心理发展，它认为个体在积极体验条件下产生的新要求主要是来自个体自身的内部，是人对内部动机的知觉和体验，所以它更容易与个体的先天气质特点发生内化而形成某种人格特质。体验是直接的、自我的、他人无法替代的，在体验中可以主动探究自我的内心世界，在探究中发现问题、解决问题，增强个人抗挫折能力。

1.采取互助式的教育方式

互助式的教育方式是指人们通过各种行为，彼此有意识地施加心理影响，使参与者的心理素质向积极方向发展变化。在此过程中学生可以通过各种方式满足自己的心理需求，促进心理发展，维护心理健康。采取互助式的教育方式有利于大学生情绪的唤起和情感的共鸣，以达到"助人自助"的教育目标。在教育中要始终以大学生为中心，注重学生主体活动的主动性、参与性，协助、启发大学生思考，使心理健康教育课程成为大学生情绪调节、情绪体验的过程。具体地，可以采取互助式心理探究、互助式心理训练、

互助式心理辅导、互助式心理暗示、互助式心理激励。

（1）互助式心理探究

互助式心理探究即让学生自主选择与其心理发展、心理问题相关的专题进行研究，并在此过程中获取心理知识、掌握心理调节方法、解决心理问题、促进心理发展的活动。探究的内容可以是如何集中注意力、培养自信心、培养意志力、培养积极心态、培养受人欢迎的心理品质、调控情绪、处理异性情感、积极应对压力等，通过探究让学生树立心理健康意识，形成乐观、向上的心理品质。

（2）互助式心理训练

互助式心理训练是指群体式的心理训练活动。在互助式心理训练中，学生既是被训练者也是训练者，在接受训练的同时用自己的感受、体会、经验去帮助其他同学，在完善自身心理品质的同时主动纠正自己的心理偏差，从而达到互相训练、互相学习、共同提高的目的。互助式心理训练的主要方法是角色扮演法，由学生扮演各种角色，如扮演班长、教师、导游、企业家、主持人等角色，让每个学生根据所处的场合，不断调节、变换自己的角色，适应不同的社会环境，学会社交技巧，培养应变能力。除角色扮演法以外，还有集体演讲训练法。每种方法都可以有效地促进大学生的心理发展。

（3）互助式心理辅导

互助式心理辅导是让学生在寻求辅导的同时充当辅导者。开展互助式心理辅导是以充分相信学生为前提的，学生虽然不像专业教师那样受过专业心理学系统训练，但他们却具有真诚、关爱、热情等品质，加上同龄人之间心灵相通，很容易产生心理共鸣，所以互助式心理辅导往往能收到良好的效果。

（4）互助式心理暗示

互助式心理暗示是指学生采用言语和非言语手段，含蓄而间接地对自己或其他同学的心理和行为施加积极影响的活动。积极的暗示可以帮助被暗示者稳定情绪，树立自信心，产生战胜挫折和困难的勇气。同学之间的心理暗示效果比较好，因为同学之间的关系密切，共同点多，影响力大。在互助式心理暗示中，一定要用积极的暗示，避免消极的暗示。

（5）互助式心理激励

互助式心理激励是指同学之间互相给予积极的激励，使每一个学生都能以积极的心态对事、对人、对己、对待学习和生活。每个学生都有认识自己的愿望，有一定的自我分析、自我判断、自我思考、自我选择、扬长补短的能力，但他们仍需要他人帮助自己认识自己。开展互助式心理激励就是要让学生彼此给予积极的刺激，使他们在互相激励中提高自我认识，使心理素质得以提高，潜力得以挖掘，共同进步。

2.采取自我教育的方式

教育和自我教育都是人类文化传承的手段，但教育往往是一种被动的、接受性的活动，而自我教育则是主动的、能动性的活动。所谓自我教育，即自己教育自己，是个体根据教育主体的要求和自身的发展需要，有目的、有计划地对自我提出任务，确定自我实现的目标，自主设计行为方案，主动采取措施，自觉进行思想转化与行为控制，把自我作为认识和改造的对象，通过自我认识、自我选择、自我反省、自我调控等方式提高和完善自我道德品质与综合素质而进行的一种教育培养活动。

在教育史上，首先对自我教育做出理论探索与实践追求的是苏联教育学家苏霍姆林斯基，他的有关自我教育的一些论述成为教育的经典语录："没有自我教育就没有真正的教育。""任何人如果不能教育自己，也就不能教育别人。"只有通过自我教育，学生才能成为真正的人。

心理健康教育是一种性质特殊的教育，究其实质是一种助人自助和心理的自我学习。大学生心理健康自我教育，即大学生能够积极地调控、整合自身生理、心理、社会文化素质要素为其心理健康服务的心理过程，是大学生不断深入认识自我、建设自我、超越自我、实现自我的系统过程。自我教育的意义在于尊重大学生的主体地位，体现以人为本的思想，满足大学生的心理需要，发挥大学生的自觉能动性，增强心理健康教育的实效性。

积极心理学认为，人格特定的生理机制会产生与它相应的行为模式，但人格不完全是由先天遗传因素来决定的，外在的行为与社会环境对人的生理机制会产生重大的影响，即人格首先是一种外在的社会活动，然后在一定的生理机制的作用下而内化为个体的一种稳定的心理活动。因此，我们可以通过发展人的良好行为和社会的良好环境来构建人的积极人格，而要发展人的良好行为和社会的良好环境，我们又可以通过发展人的积极行为能力来实现，因为具有积极行为能力的人可以对自己的心理体验和行为方式有意识地施加一定的积极影响，从而影响自己的人格构建。这样，一个人的自我教育能力就被纳入人格的构建中了。

自我教育是在一定的遗传基础上，在环境和他人教育的条件下生成和发展的，它一旦形成，就积极地反过来发挥作用，极大地影响个人的成长，它在大学生的成长过程中起的作用尤为重要。大学生已有一定的自我观察、自我分析和自我评价的能力，他们在社会化和自我意识确立过程中不仅是教育的客体，而且是教育的主体。只有当他们把教育者提出的要求变成自我要求，在言行方面能从动机和效果上来检查自己，对自己的思想和行为进行自觉监督和控制，排除来自主客观方面的各种不良因素的干扰，用理智去战胜不良倾向，用道德去战胜不符合社会和他人利益的个人主义动机，使自我意识向着健康、积极的方面发展时，教育才真正发挥了作用。离开了学生的自我教育，任何教育都是无效的。因此，在大学生积极人格的培养中教师要充分发挥教育指导作用，努力提高自己的修养、知识水平、业务能力和教育方法，思考如何才能帮助学生最充分地发挥积极性和主动性。掌握获得知识的方法比获得知识更重要，掌握提升自身心理素质的方法比获得心理知识更重要。教师在教学过程中要注意向学生传授心理教育方法。学生心理素质的提高、心理问题的解决完全靠自我教育，学生只有掌握科学的方法，才能对自己实施正确的心理教育。要使学生掌握自我认知、自我评价、自我管理的方法，能够在日常生活中利用一切机会挖掘自身的心理潜能，提高自己各方面的能力；培养自己良好的心理品质，掌握"宣泄""投射""升华"等心理防卫方式；能够对自己的情绪进行调节，使自己保持乐观积极的心理状态。

3.进行归因风格的引导

归因主要是指人们对发生的与自己有关的事或发生在自己身边的事的原因的解释。归因控制点理论认为，人在面临一定的生活事件时，要么把其原因归咎于外部力量，如运气、机遇、命运或者他人的力量等，要么把其原因归咎于自己的内部力量，如智力、勤奋或者其他一些个人的特征等。前一种人的归因控制点在外部，具有外部控制点的人常常会觉得自己对外在事件无能为力；后一种人的归因控制点在内部，具有内部控制点的人常常会觉得自己是生活的主人，自己能控制事件的发生或发展。

塞利格曼认为，在面临失败时，所有人都会去寻找其原因。"乐观型解释风格"的人会认为失败是暂时的，是特定性的情景事件，是由外部原因引起的，而且这种失败只限于此时此地；而"悲观型解释风格"的人则会把失败归咎于长期的或永久的原因，具有普遍性，认为失败是由自己的内在原因引起的，并认为这种失败会影响到自己所做的其他事。而在面临成功时，人们也会去寻找自己的原因，但"乐观型解释风格"的人这时会认为成功是自我的内在原因所致，而且是长期的，并会泛化到自己的其他活动中去；反之，"悲观型解释风格"的人会认为自己的成功是因为外在的原因，是一种暂时的现象，它只限于此情此景。因此，具有"悲观型解释风格"的人就容易形成压抑、焦虑等心理问题，随后一些心理学家做了许多的调查研究，结果都证实了塞利格曼的这一观点。到了 20 世纪 90 年代末，塞利格曼的这些观点和他的积极心理学主张结合在了一起，从而形成了积极心理学的人格理论。

教师作为大学生成长过程中的重要引路人，其教育态度、风格等对学生解释风格的形成有着重要的影响。因此，教师要有积极的风貌和积极的人生态度，还要从归因风格上对大学生加以正确的引导。教师要引导学生注意科学归因，要考虑因果结构的各个方面，对事情的原因进行全方位的分析，同时要警惕归因不良现象，防止情绪和动机对归因的潜在干扰。在对成败归因时，除了要合理归因，还应把握一个策略问题，更多地关注可控性因素，如努力、学习方法等，因为这些因素操纵在自己手里，所以可以增加一个人的自信。另外，教师还要引导大学生冷静地反思自己的归因方式对自己自信心的影响，然后进行相应的积极调整，改变消极的归因，感受到更多的主动性，增强自信。

总之，在实施积极心理健康教育的积极体验模式中，一切工作要围绕着促进、诱发、方便和推动大学生进行积极体验来展开，要组织积极有效的活动，创设有感染力的、真实的情境来触发学生的切身体验，提高心理健康教育的效能。

四、积极心理学视野下的高校心理健康师资队伍建设

（一）当前高校心理健康师资队伍建设存在的问题

1.师资力量严重不足

近 20 年来，各高校纷纷成立专门的心理健康指导中心或心理咨询中心，并逐步在全国范围内普及大学生心理健康教育。从表面上看，各高校已基本普及心理健康教育，但大学生心理健康教育的效果却不尽如人意。目前，高校心理健康教师的质与量不足，这一问题是提高大学生心理健康教育效果的"瓶颈"。很多心理健康教育工作不得不由兼职的心理健康教师承担，他们大多为各学院的辅导员，往往拥有丰富的学生思想政治工作经验，却缺乏系统的心理学学习经历和大学生心理辅导与咨询的实践经验，因此在心理健康教育中习惯于理论讲授或指导建议，难以体会大学生真实的内心需求与感受，也难以把握促进大学生心理成长的助人技术，结果往往导致大学生对心理健康教育产生排斥。

2.职业倦怠较为普遍

教育强调"育人"先"育己"。积极心理学视野下的高校心理健康教育首先要求教师自身具备传播幸福的能力，在课堂上播撒幸福的种子。然而，目前高校心理健康教师普遍感觉难以从工作中获得持续的成就感和幸福感，职业耗竭现象更是屡见不鲜。首先，成长于知识经济时代的大学生普遍个性鲜明，自主感强，情感复杂，思维活跃，再加上逐年递增并越来越错综复杂的学生心理健康问题，所有这些发展与变化都对高校心理健康教师的专业能力和综合素质提出了更高的要求。其次，各高校心理健康教师的自我支持和组织支持力量不够完善。一方面，心理健康教师自身专业胜任力不足，或缺乏对教学工作的钻研与投入，往往难以从工作中获得成就感和满足感；另一方面，目前针对高校心理健康教师的选拔、管理、培训等专业化发展体系也并不完善。总之，工作要求的不断提高和支持系统的相对匮乏之间的矛盾是导致目前高校心理健康教师职业倦怠的主要原因。

3.教育理念明显滞后

积极心理学指导人们通过发现个人优势、利用创伤和挫折转变为成长机会、探索生命的意义、建立良好人际关系、坚持运动等具体策略提升个体的幸福能力。

然而，目前高校心理健康教师的教育理念往往是注重心理健康知识的普及，尤其是侧重大学生常见心理问题的识别与应对，不仅忽视了大学生自身固有的积极力量与优势品质，还忽视了大学生内心对蓬勃人生的渴望与追求。在教学内容上，为了说明某一心理问题，心理健康教师往往以严重心理障碍的大学生案例为例。这种疾病模式的心理健康教育常常导致学生杯弓蛇影的心理，对自己或他人身上的一些不足过分警觉，形成不良暗示。在教学方式上，心理健康教师侧重知识的讲授与传递，师生之间缺乏平等真诚的交流与分享，更缺乏对学生积极力量和优秀品质的激活和发现。总之，滞后的教学理念及陈旧的教学方法往往导致大学生在心理健康教育过程中消极被动和抵触厌烦，而这种牵强附会的教学效果和教学氛围往往反过来又加剧了心理健康教师的职业倦怠。

（二）高校心理健康师资队伍建设的策略

1.加强心理健康教师专业化发展，提升工作满意度

积极心理学认为，幸福和生产力的关系是双向的，令人满意的工作状态能增进人的幸福感，而幸福感反过来进一步提高生产力。清晰的角色定位、支持性的管理、发展技

能的机会、工作环境与个体的技能相符等因素是影响工作满意度的主要因素。因此，加强心理健康教师专业化发展，提升教师工作成就感和满意度是积极心理学视野下心理健康师资建设的首要任务。首先，从事大学生心理健康教育的教师应同时具备心理健康教育相关专业的学历学位和心理咨询师的专业资质，确保工作要求与个人专业特长相一致；其次，高校心理健康教师的管理应从学生工作部门中独立出来，摆脱日常工作中的烦琐事务和多头管理，成立专属的心理健康教育研究机构，专门负责大学生心理健康教育与心理咨询工作，为大学生心理健康教育专业发展提供更高的自主权；再次，高校心理健康教师在肩负心理健康教育课程的同时，必须承担一定比例的心理咨询工作，促进教学实践和咨询实践的有机结合，切实提高心理健康教师的综合专业能力；最后，高校应重视大学生心理健康教育教师的继续教育，确保兼职心理健康教师定期参加专业培训和案例督导，确保其专业能力的不断提升，以满足日益走高的工作要求。

2.优化心理健康教师人格品质，提升积极的心理资本

积极心理学关注人的积极力量，而积极力量的核心便是积极的心理资本。积极的心理资本包括自我效能感、希望、坚韧与乐观四个要素。积极的心理资本具有积极正向的导向作用，直接影响人们的工作绩效、工作和生活态度以及与此相关的生理问题和心理健康问题。因此，一个合格的积极心理学导向的心理健康教师，自己必须是积极心理学的实践者与受益者，应该在生活中不断提升自己的积极心理资本。首先，心理健康教师可以通过自学、专业培训、咨询实践及案例督导等形式深入系统地学习积极心理学的基础理论和实践技术。其次，心理健康教师作为普通人，必然会面对各种生活和工作的挑战、压力与挫折，因此需要借鉴积极心理学的思想，用积极乐观的视角看待问题，用积极灵活的行为应对问题，努力提高自己应对压力与挫折的信心与能力，增强自身心理弹性和自我效能感。最后，高校心理健康教师自身要善于反思、勇于实践，坚持不懈地将积极心理学的积极元素嵌入自己的现实生活中去，提升自己的幸福感，如：善于发现和发挥自己的优势品质和潜力，无条件地接纳自我；专心投入工作，享受工作的乐趣；心怀感恩与感激，保持积极乐观心态；宽容豁达、乐善好施，与他人保持和谐的人际关系；等等。

3.改进教学理念和教学方法，提升教学效果

高校心理健康教师应树立积极型教育理念，将培养学生积极情绪、塑造积极人格及营造积极环境，最终提高大学生的幸福能力作为心理健康教育的最终目标。当然，积极型的教育理念必须充分体现在具体的教学实践中，才能真正提升教学效果。

首先，在教学内容上，心理健康教师需要在课堂上传授幸福的元素，如乐观、希望、坚韧、意义、成就、积极关系、美德、感恩等。其次，在教学方法上，心理健康教师要创造性地将心理活动与体验分享等形式融入理论讲授中，让学生在活动中体验积极情绪，发展积极思维，塑造积极人格。最后，在教学氛围上，心理健康教师要注重营造民主平等的教学氛围，鼓励学生积极参与，尊重学生的个性差异，肯定学生的创新思维，发现学生的力量和优势等。

以"大学生情绪管理"这一章为例，拥有消极型教育理念的高校心理健康教师可能会将认识情绪、探索情绪及调控情绪作为本章的三个知识点，将大学生常见情绪问题及其应对策略作为教学重点与难点，教学方法以直接讲授为主、以案例分析为辅。而拥有积极型教育理念的心理健康教师可能会从心理活动切入，让学生回想今天生活中最美好的三件事情，通过活动与分享，发掘学生内在的积极情感和情绪。之后，心理健康教师可能会设计一个感恩拜访练习，让学生回想生活中需要感恩的人，并在课后采取行动表达感恩之情，鼓励学生体会与分享表达感恩之后的感受。与传统教学中学生被动接受知识不同，心理活动带来的切身体验更容易被学生理解和接受，并内化为学生内在的积极心态与积极情绪。总之，积极心理学导向的心理健康教师在教学内容、教学方法上创造性地嵌入积极元素，营造平等交流、友爱分享的教学氛围，以激发学生的潜能和美德，培养学生积极的人格品质，最终提高学生发现幸福与创造幸福的能力。

积极心理学旨在帮助人类发掘力量和美德，塑造积极心理品质，为幸福人生奠定基础。积极心理学与高校心理健康教育的结合是大学生心理健康教育发展的必然趋势，而完善心理健康师资队伍建设是积极心理学视野下高校心理健康教育的基本保障。优化心理健康教师人格品质，提升教师自身的积极心理资本是心理健康师资队伍建设的前提条件。改进教学理念和教学方法，提升教学效果是心理健康师资建设的基本要求。

五、高校积极心理健康教育的实施建议

积极心理学提倡关注培养人的积极力量和积极品质，它将研究应用目光转到正常人。针对目前高校育人工作的需要，结合积极心理学的内涵，为提高学生心理健康水平，促使学生积极向上、健康发展，高校积极心理健康教育的实施建议如下：

（一）关注新生积极心理的培养

大学生在校期间，作为实现个人发展的引路人，高校教师特别是班主任需要根据新生的情况和心理特点，发挥有个性而有意义的"灯塔"引领作用，加强学生的归属感，带领新生参观新校园，对有历史背景、有特殊含义的位置进行重点宣传，结合本校的校训传递正能量。高校教师还可以进行具有专业特色的入学教育，让新生对即将生活四年的学校有一个全面的认识，对未来的发展也有大致的了解，帮助他们适应新环境、新生活，进而消除负面情绪。学校的学工处还可推行"一班一助"制，推选出有能力的学生干部。高校班主任应陪伴新生的成长和蜕变，不仅需要有热情与爱心，还需要运用合适的方法。

（二）保证学生的思想政治教育内容质量，担起健康成长指导者和引路人的责任

高校教师特别是班主任需要通过日积月累，逐步向学生传递正能量，可利用学生主题班会、心理班会等机会，弘扬正确的价值观。内容可与日常学生管理工作、学生课外学习等许多方面挂钩。

（三）开展系列书香阅读活动，培养学生的课外阅读兴趣

培养学生的课外阅读兴趣，提高阅读能力，有利于精神食粮的汲取，有利于知识文化的积累，更有利于培养有内涵的人才，不仅能促进个人发展，又能提高个人幸福感。高校教师可以鼓励大学生阅读一些有积极意义的书刊，如《读者》《青年文摘》等，同时展开读后感征文活动。

（四）多方协动，抓学风促学业

高校教师一方面应配合学工部门，秉承校训，继续发扬各院系优良的学风传统，开展手机收纳袋活动。利用手机收纳袋推进考勤制度，将手机收纳袋使用情况与考核评优结合起来，可以帮助学生养成良好的学习习惯，促进良好学风建设。另一方面，高校教师应充分利用现代技术及相关软件，了解学生的学业状况。根据统计数据，了解学生的成绩水平，有利于及时发现存在严重学习问题的学生。高校教师可以利用微课平台，了解学生学习专业知识和其他素质课程的情况，帮助他们形成良好的心理状态。

第七章　心理健康与高校
心理育人质量提升

在高校思想政治教育的总体框架下开展心理健康教育，通过心理育人提升高校思想政治教育效果，实现立德树人总目标，是我国高校心理育人的鲜明特色。历经 40 余年的发展，高校心理育人工作从探索实施心理咨询工作开始，经过了"心理咨询""心理素质教育""心理健康教育"等称谓的变化，现已发展为全员、全过程、全方位育人框架下的"心理育人"，整个过程从无到有、从弱到强，不断发展完善。然而，随着时代的快速变迁，育人对象心理的多元变化，育人目标的复合性、高标准与育人实效之间的差异在一定程度上都限制和阻碍了新时代高校心理育人工作的有效开展。

第一节　心理健康在高校
心理育人中的意义

良好的心理素质本是大学生成长成才的基础，但历经 40 多年的发展，我们才逐步深化了对高校心理健康教育"育人"规律的认识，发掘出"心理"这一育人要素在帮助大学生形成正确的世界观、人生观、价值观，提高道德修养，树立并坚定理想信念中的独特价值。可以说，高校心理健康教育积极向"育人"转变，是其内在育人意识的一种"觉醒"。

一、心理健康是开展"三观"教育的基础

2014 年，习近平在北京大学师生座谈会上指出："要树立正确的世界观、人生观、价值观，掌握了这把总钥匙，再来看看社会万象、人生历程，一切是非、正误、主次，一切真假、善恶、美丑，自然就洞若观火、清澈明了，自然就能作出正确判断、作出正确选择。"马克思主义"三观"教育是思想政治教育的重要内容，也是帮助大学生抵制各种错误思潮、澄清大学生内心的迷茫与困惑的重要途径和手段，对于帮助学生解决由思想问题引起的心理问题具有重要价值；反过来，大学生的心理健康状况也制约和影响着自身世界观、人生观、价值观的形成。

大学生的良好心理健康状况是开展"三观"教育的基础。世界观、人生观与价值观是人在与社会实践及人际关系的互动中形成的，它们决定着人的理想信念，规范着人的思想品德，影响着人的精神境界，指导着人的行为选择。世界观、人生观、价值观教育伴随着心理选择机制中知、情、意、行四个方面协调统一的过程，接受什么样的世界观、人生观、价值观教育，从本质上来说是人的心理选择机制。

以"育人"为目标导向的高校心理健康教育，能在教育过程中适时地融入对马克思主义"三观"的渗透教育，引导大学生树立正确的世界观、人生观、价值观，内化为自身的思维方式、生活态度、价值取向，并外化为正确的行为方式和习惯。

二、心理健康是道德自律的形成基础

2016 年，习近平在全国高校思想政治工作会议上指出："要坚持把立德树人作为中心环节，把思想政治工作贯穿教育教学全过程，实现全程育人、全方位育人，努力开创我国高等教育事业发展新局面。"一直以来，习近平总书记都将"立德"作为育人的根本，"心理育人"也强调要坚持育心与育德相统一。现代道德研究表明，实现道德自律是提高道德修养和精神境界的先决条件，而道德自律包括的心理条件有三个，即主体拥有良心、一定的道德认知能力和相应的意志品格。

首先，良好道德品质形成的首要条件在于"良心"。"良心"是指一种符合社会主流价值观的普遍准则，同时也是一种善良意志，是道德自律者可靠性的来源，意味着采纳

某人自己的准则和生活方式，而进行这一切活动的心理基础，在于个体拥有真正的道德心理实体——良心。大学生们只有具备了这样一个良好的心理基础，才能真正实现由它所引发出来的道德命令、作出的道德判断及实施的道德行为，真正体现"生发于己"的可靠性。

其次，形成良好的道德品质要求个体具备理性反思的特点。理性反思以道德认知能力为基础，这种认知能力为个体提供了进行道德判断的前提，并且能够在此基础上对其他一般道德原则进行理性反思，也就是说，正确的道德认知能力是学生形成良好的道德品质、养成道德自律的必要条件。

最后，意志是个体将道德品质上升到行为的关键。在道德品质转化为道德行为的过程中，个体的意志发挥着重要作用，如果意志不够坚定，那么即便已经制定出了内心的行为准则，并且作出了正确的道德判断，在面对道德两难问题时，也难免在行为上出现非理性或不自主的行为。高校心理健康教育以"育人"为指导，能够培养学生良好的心理素质和正直、勇敢、自律和节制等意志品格，从根本上帮助大学生养成道德自律，并由此生发出道德行为来。

道德品质的心理形成机制为高校从"问心"向"育人"转化提供了理论支撑。高校心理健康教育完全有条件在日常心理咨询和教育过程中有意识地培养大学生的道德自律意识，发挥道德对人格的塑造价值。

三、心理健康是理想信念确立的主体性因素

理想信念作为人们思想行为的最高统摄，是个体把自我本质需要对象化，并在实践活动中主动构建的综合性产物，而大学阶段正是理想信念形成的关键时期，许多大学生的心理问题追究起来，都与其理想信念的失落或模糊有关。

我党向来非常重视青年大学生的理想信念教育，青年一代只有坚定正确的理想信念，才更容易用内心的安定和从容来面对外界嘈杂的声音，才更能够体会到奉献的幸福和奋斗的愉悦，在快速发展的社会中坚守自己内心的一片宁静。

首先，理想信念形成的原初动力来源于人的需要。马克思说："任何人如果不同时为了自己的某种需要和为了这种需要的器官而做事，他就什么也不能做。"离开了人的需要，理想信念也会成为虚无缥缈的东西，而需要能否满足及满足的程度，直接反映在

大学生的心理活动和心理状态上，即心理与理想信念的确立在本质上密切相关。高校育人能从大学生的心理层面出发，激发潜藏于其内心对真善美的向往和需要，实现理想信念与学生心理需要共鸣、共振。

其次，确立理想信念与大学生的知、情、意、行存在关联。确立理想信念是一个知、情、意、行全部心理要素都参与其中的复杂心理过程。具体来讲，意识形态认同是理想信念发生的心理基础，而认同的形成源于大学生对所确立的"信仰"，即在理论上与时间上的正确认知和认同。恩格斯指出："我们不知道有任何一种力量能够强制处在健康清醒状态的每一个人接受某种思想。"高校心理育人能够在理想信念教育过程中，尊重受教育者感性认知和理性认知协同的规律，破除理想信念形成过程中个体的心理障碍。

最后，理想信念的形成有赖于心理的深度卷入。无论是广义上的理想信念，还是狭义上建立在马克思主义科学信仰基础之上的共同理想和远大理想，都是个体及群体的历史经验、现实需要和未来期许在发展方向和奋斗目标上的集中体现。要形成这样高度凝练的精神，必须充分发挥个体的全部机能，调动一切既有知识积累、生活经验和认识能力，实现人心理的深度卷入。一个心理迷茫、混乱、焦虑的个体，难以实现这种心理的深度卷入。因此，大学生坚定理想信念是要以健康的心理状态为基础的，一个具备良好心理素质的大学生往往更容易确立正确的理想信念。

对高校心理健康教育本质规律的深化认识，使得心理健康教育在世界观、人生观、价值观教育过程、良好道德品质的养成及坚定理想信念方面的独特价值被挖掘出来，推动了高校心理健康教育向"育人"的转变。

第二节　高校心理育人质量提升的机遇、挑战与举措

中国特色社会主义步入了新时代，是在新的历史条件下继续夺取中国特色社会主义伟大胜利的时代，是逐步实现全体人民共同富裕的时代，是实现中华民族伟大复兴中国梦的时代。我国主要矛盾发生了变化，综合国力空前提高，当前比任何时期都要接近中

华民族伟大复兴。党和国家事业发展从指导思想、理念思路、方针政策、体制机制、根本保证，到社会主要矛盾、社会环境、外部条件等各方面都发生了巨大变化，发展水平、发展要求更高，呈现出新的时代特征。面对新时代、新气象、新征程，高校心理育人工作面临新的发展机遇，同时也迎来了新的挑战。

一、高校提升心理育人质量的机遇与挑战

当前社会已进入新时代，网络的普及和经济的高速增长给人们的生活带来了巨大变化，社会发展呈现出新的发展态势，对我国高校的心理育人工作来说，当今时代是机遇与挑战并存的时代。

（一）恰逢的机遇

1.党和国家的空前重视

党和国家充分认识到社会心理环境对社会主义政治、经济、文化建设的基础性作用，以及心理健康对公民幸福感的支撑作用。党的十八大报告在有关全面提升公民道德素质的内容中提及："注重人文关怀和心理疏导，培育自尊自信、理性平和、积极向上的社会心态。"心理健康问题在党的十八大报告中被提及，足以说明党中央对心理育人的重视。2016 年，习近平在全国高校思想政治工作会议上强调，"办好我们的高校，必须坚持以马克思主义为指导，全面贯彻党的教育方针""培育理性平和的健康心态，加强人文关怀和心理疏导"。2017 年 12 月，教育部党组把心理育人作为提升高校思想政治工作质量"十大"育人工程之一，推动高校心理育人进入了"新时代"。新时代，党和国家把心理育人工作放在了重要的战略位置，给予了前所未有的重视。习近平总书记曾多次强调，思想政治工作归根结底是做人的工作，高校开展大学生思想政治工作，要从注重人文关怀和心理疏导入手。

2.育人观念的更新

2018 年 9 月，习近平在全国教育大会上发表重要讲话，指出："要深化教育体制改革，健全立德树人落实机制，扭转不科学的教育评价导向，坚决克服唯分数、唯升学、唯文凭、唯论文、唯帽子的顽瘴痼疾，从根本上解决教育评价指挥棒问题。"习近平还进一步强调我们的教育要在坚定理想信念上下功夫、要在加强品德修养上下功夫、要在

增强综合素质上下功夫。习近平总书记的重要讲话为我国的教育事业指明了努力方向。综合素质是新时代高校人才培养的重中之重，而心理素质又是人的综合素质中最基础、最重要的一部分。高校出现的大学生伤人伤己事件，当事人大都存在不同程度的心理问题。这些事件一次次引发了广大教育者对大学生心理素质的关注。

3."互联网＋"提供新契机

伴随着网络的普及，我国高校心理育人工作搭上了"互联网＋"这艘航船。利用信息通信技术、互联网平台等，让互联网与高校心理育人工作进行深度融合，创造出新的、有价值的育人模式。"互联网＋"为高校心理育人注入了新鲜血液，突破了传统的育人模式。网络新媒体"两微一端"，成为大学生接收信息和传递信息的重要渠道。和以往大学生被动接收信息相比，网络平台给他们提供了其他发声渠道，同时也为心育工作者打开了通往学生心灵的窗户。当代大学生喜欢在互联网上关注一些社会热点问题，转发一些优质文章，分享自己的生活和思想感悟。通过大学生在互联网上的发声，学校和教师能够及时掌握大学生的思想动态，对大学生的思维和行为特点产生更加深刻的认识，从而精准施教，提高心理育人的实效性。根据获取的学生信息的特点，许多高校开通了心理健康教育微信公众平台和心理健康教育官方微博、官方网站，定期发布心理健康教育的优质文章，不断传播正能量，吸引了一大批学生粉丝，为高校心理育人工作创造了浓厚的学习氛围。在"互联网＋"背景下，大数据分析处理技术可以帮助学校对大学生在不同时期的心理健康状态进行追踪和记录，为大学生的心理建档工作提供了极大的方便。互联网时代信息传递的及时性，突破了时间和空间的限制，只要大学生有需要，随时随地可以获得心理健康教育的相关知识，这提高了心育工作的及时性和便捷性。总之，在社会主义新时代背景下，"互联网＋"为高校心理育人提供了新的契机。

（二）面临的挑战

1.供给和需求的矛盾

新时代科学技术突飞猛进，社会主义现代化建设空前繁荣，新鲜事物不断涌现，人们在享受着科技和网络发展带来的便捷和舒适的同时，在工作和学习上所要面对的问题更加复杂，充满挑战性，对个人的体力、脑力，尤其是毅力、耐力和心理承受力提出了更高要求。社会快速变化过程中的多元文化冲突、数字化生活方式等，日益使青年大学生感受着"全方位、多层次、宽领域"力量的挤压；对社会快速变化的茫然和不适、生命意义的失落和无价值感、价值观念的冲突矛盾、思维方式的自我中心主义倾向，开始成为当前大学生感到迷茫、空虚、焦躁、郁闷的多维因素。新时代的大学生不仅要拥有强健的体魄、精湛的技术、科学的三观，还要拥有超高的情商、强大的心理素质。因此，高校的心理育人工作不能仅停留在心理疾病的预防和治疗上，而是要在大学生心理素质的增强、心理品质的塑造、社会适应能力的锻炼等方面下功夫，以契合新时代大学生全面发展、成才的需要。

尽管人们已经深刻意识到这一点，但是目前高校心理育人条件还无法完全满足学生的发展需要。在师资力量配备方面，大部分心育教师是"半路出家"，经过简单培训就上岗，无论是从数量上还是质量上都和实际需要相差甚远。在工作模式上，某些高校把心理咨询和大学生心理健康教育公开课当作心理育人的主阵地。其中，心理咨询往往把帮助对象限制在了少数有心理问题的学生；而在心理健康教育公开课中，教师成了知识的简单"搬运工"。在工作理念上，部分高校以学生心理问题的解决，校园的安定、和谐、不出事为目标，对提高大学生的心理素质、优化大学生的心理品质缺乏足够的重视。高校心理育人工作还难以承担起新时代高校心理育人工作的任务和使命。当前，高校心理育人工作中存在着育人对象心理问题成因的多维性与方法手段孤立性之间的矛盾，育人目标复合性、高标准与育人队伍实际能力不足之间的矛盾，"三全育人"的整体格局与相关机构心理育人意识能力欠缺之间的矛盾，这些矛盾限制和阻碍了新时代高校心理育人工作的有效开展。新时代大学生肩负着实现中华民族伟大复兴中国梦的重大责任和使命，高校心理育人要迎合学生的需求和时代的要求，致力于把大学生培养成自由而全面发展的时代新人。高校心理育人工作要不断地改革现有体制，重新制定育人策略，树立立德树人的教育理念，从而充分发挥其育人功能。

2.虚拟和现实的矛盾

网络是把双刃剑，在为新时代高校心理育人工作带来活力的同时，也带来了很多风险。一方面，网络打开了大学生和外部世界的通道，社会上很多不良风气通过网络能够迅速渗透到大学校园，如拜金主义、享乐主义和奢靡之风等，对大学生产生了很多负面影响；另一方面，由于网络的虚拟性，一些在现实社会中受法律和规章制度"硬约束"和道德"软约束"的制约，大学生原本不能说、不敢说、不能做、不敢做的事情（比如攻击、漫骂、暴力等）在虚拟的网络世界中发生，一度使网络环境变得乌烟瘴气。某些大学生沉迷于网络社交和网络游戏来弥补现实的空虚和寂寞，他们在网络上通常能够释放天性、畅所欲言，但是在现实生活中却和周围的一切格格不入，导致大学生"虚拟"

和"现实"的混乱和错位，在虚拟和现实的切换中发生双重人格冲突。

随着智能机的诞生，我们每个人都是信息的接收器和发射器，海量信息铺天盖地地向我们袭来。网络环境越来越商业化，淫秽、色情、暴力、欺诈、迷信等负面内容存在于互联网上。大学生心智还没有完全成熟，缺乏对不良信息的鉴别力，网络垃圾信息容易弱化大学生的是非观念、道德意识和社会责任感，造成价值观混乱。高校学生的思想、行为、生活复杂化的趋向日益明显，价值取向呈现多元性和不稳定性，如何占据网络的制高点，引领风清气正、理性平和的网络环境，是新时代高校心理育人工作必须考虑的难题。

网络平台充斥着各种各样的心理测验量表，大部分都是没有经过严格的信效度检验，凭借主观臆想、胡编滥造的心理伪量表，来吸引学生进行心理测试，对结果的解释也是不科学、不严谨的，很容易对大学生造成误导。为了吸引流量，某些媒体报道了一些大学生自杀或者伤人的负面案例，无形中会给部分心智尚未成熟的大学生带来影响。近几年，网络心理咨询开始流行起来，尽管网络心理咨询具有及时性强、方便快捷等特点，但是严格来说咨询师和来访者不能构成良好的咨访关系，仅仅透过冰冷的文字，而没有对来访者态度、表情、肢体语言的把握，是难以准确判断的，这具有很大的随意性。信息时代给高校心理育人工作带来机遇的同时，也带来了一系列问题，如何利用好网络这把双刃剑是新时代高校育人工作必须面对和解决的问题。

二、高校提升心理育人质量的举措

在新的社会历史时期，全面认识、科学把握高校心育工作所肩负的任务，从而对高校心理育人工作提出更高的要求，是新时代高校提升心理育人质量的关键和基础。只有不断完善心育主渠道、加强课程建设，整合心育师资力量、加强队伍建设，优化心育途径、加强载体建设，综合多学科、加强心育的理论支撑，明确心育理念、实现"育心"向"育人"的转化，尊重规律、提高心理育人的科学性和实效性，发展中国特色、做好本土化研究，紧跟时代步伐、在创新中谋发展，才能科学有效地实现心育功能，从而提升心育质量。

（一）完善心育主渠道，加强课程建设

大学生心理健康教育课程由最初的一门个别学校开设的选修课发展至今，成为每个大学生的必修课，其背后折射出来的是社会的变化、教育对象的变化、教育理念的变化。

课堂教学是高校心理育人的主渠道和根本战略基地，传统心育课堂继承了说教式的理论灌输，不能适应新时代高校心理育人工作的教学目标和任务及大学生的实际需要，难以取得应有的育人效果。心理健康教育课程有别于其他课程，知识的积累是必要的，但对大学生心理素质的培养、心理品质的塑造、思想境界的提升是其根本任务。新时代对大学生综合素质提出了新的要求，同样对心育课堂提出了新的任务和要求。

1.充分发挥大学生的主体性

教育是一个双向互动的过程，即教师与学生在媒介和环境的作用下，双向交流、互相作用的过程，它基于人类独有的意识特性。大学生的主体性表现为基于自身需要，对所获得的教育内容、方式、方法等，做出自主性的选择、判断和取舍，并进行创造性的发展和转化。大学生是高校心育的对象，是有思想、有意识的个体，不是被动学习的机器，在课堂学习中，要鼓励他们和教师、同学互动交流，勇敢地表达和质疑，积极分享自己的心理成长历程，在交流中认识自己和他人，在传播正能量的同时提高他们的课堂主人翁意识。

2.精准施教，心育内容和学生需求相符合

心育工作要面向全体学生，研究当前大学生的普遍困惑和发展需求，合理安排教学内容。心育教师要聚焦当前大学生普遍关注的问题，从社会生活中获取教学素材，关注社会热点问题并给予心理学角度的评价和解释，培养当代大学生的心理素养，从而使整个教学过程紧贴大学生的生活。教师在心育课堂上要注重学生的情感体验，应该主动创设情境，让学生感受焦虑、压力的产生和释放过程，从中获得启发。心育教师在教学中要具有主动性，通过对教育方式方法的主导，积极调整教育内容设计，掌控教育教学效果。心育教师还要注重大学生的个性培养，做到"因材施教"。"材"是指大学生不同的个性心理特征，"因材施教"就是承认差异、尊重差异，结合大学生的心理需求，采取不同的教育方法，有的放矢地对他们进行心理健康教育。

3.成立各级心育教学指导委员会

当前，尽管很多高校的心理健康教育课程已经开展，但是各个高校并没有固定统一的教材，课程设置专业度不高，充满随意性。课程的开设并不是心理育人工作的目的，

通过完善课程设置实现良好的心理育人效果才是其根本。因此，各个高校要重视心理健康教育课程的规范化和专业化建设。几乎所有的大类课程都有相应的教学指导委员会。大学生心理健康教育课程是每个大学生的必修课，理应成立教学指导委员会，以规范、指导、督查课程建设，从宏观上把控课程建设的方向，解决重大的、有共性的课程教学问题，推进课程的顺利发展。只有这样，心理健康教育课程建设才有保障，才能发挥课堂育人的最大价值。

（二）整合心育师资力量，加强队伍建设

1.规范心育专职教师的评聘制度

我国心理健康教育在师资力量上和欧美国家存在一定的差距。在西方发达国家，若想成为一名心理教师，则需要拥有心理学相关专业的学术背景并且取得博士学位，而且需考取心理咨询师执照，经历很长的实习期才能正式上岗。我国心理健康教育是在思想政治教育中孕育而生的，早期高校心理健康教育工作者主要来自思政队伍，并且师生配比的数量难以达到国家标准（1∶4 000），拥有心理咨询资质的专职心理辅导员更为稀缺，没有接受过一定的心理学知识培训的辅导员、班主任或是相关教职工，容易将心理健康教育工作等同于思想政治教育工作。因此，心理健康教育的效果并不理想。

伴随着心理健康教育专业化的建设，一大批纯心理学背景的专业人士加入心育队伍中来。我国心育工作不能盲目强调教师的心理学专业背景，必须结合我国实际，培养一批既有心理学专业技能又有较高德育素养的教师。中国高校的心理健康教育与西方发达国家相比，有共性也有其特殊性。共性表现在对教师的综合能力要求较高，需要严格的准入制度；特殊性在于中国高校心理健康教育还肩负思想引导的任务，对从业人员的要求会更高，既要有心理咨询师资格，又要精通思想政治工作。为了保障我国心理育人工作的质量，我国心育教师的准入门槛需提高。首先，硕士研究生应为其最低学历要求，而且最好是拥有思想政治教育专业和心理健康教育专业双背景的高层次人才；其次，应聘者须经过系统培训并取得相应的资格证书，且具备一年以上的实习经验；最后，用人单位需规范聘任制度和流程，层层把关。心理育人工作的实效是很难用数字来量化的，因此在实际工作中要规范心育教师的绩效考核，不以论文发表和学生课程及格率作为评价指标，要把关注点放在学生心理素质的提高和消极心态的积极转变，以及教师的学习进修和心育研究成果上，从各个方面制定综合考核标准。

2.给予在岗心育教师定期培训和督导

"水之积也不厚,则其负大舟也无力。"教师自己首先要有理想信念、有道德情操、有扎实学识、有仁爱之心。教师是立教之本、兴教之源,他们的心理素质、政治素养、业务能力、育人水平直接影响着心理育人实效。

心育工作者自身的人格魅力和马克思主义理论素养是影响心育效果的重要因素。由于心理育人职能的专业性和原有工作方式方法的惯性与定势,心理健康教育相关部门育人意识与能力不足,专业课教师的育人意识和能力有待提升。心育工作者要拥有积极乐观的心态、优良的心理品质和高尚的人格,在潜移默化中影响学生。这些优良品质也是需要系统培训和学习才能习得的,教师有必要定期参加培训和进修,不断提升自身的人格魅力和专业素养。当前在职心育工作教师,尤其是兼职教师,有些不具备扎实的专业功底,缺乏系统的心理健康教育工作培训,甚至对心育工作的目标和理念含糊不清,对学生心理问题的解决要么采用一般思想政治工作的方法,要么采用纯粹的心理学技术,导致心育工作缺乏科学性和有效性。由于学生心理问题的复杂性和多变性,有必要对高校心育教师定期开展培训,对仅有思政教育背景的教师展开心理咨询技术和方法的培训;而对仅有心理学背景的教师进行马克思主义理论、社会主义核心价值观的熏陶,提高他们专业技能的同时,转变他们看待问题的视角。同时,在教师培训过程中,应更多地采取实践模拟的方式,加强实践经验考核,如此才能更好地培养出契合中国人心理需求、素质过硬的专业化从业人员。

3.形成全员参与的育人合力

高校心理健康教育是一项需要全体教职工积极配合的综合性工作。从高校的实际情况来看,心育工作并未在全体教职工中形成浓厚的心理健康教育意识和氛围。因此,要切实建设一支以专职教师为主,以兼职教师为辅,各个部门全员参与的心理育人工作队伍。各个高校要定期开展针对全体教职工的心理健康教育课程,提高全体教职工的心理素质和德育素养,让他们在学习中不断受益,从而意识到心理健康教育的重要性,进而挖掘其所授课程中包含的心育要素,有意识地对大学生产生影响。高校心理育人工作,不仅需要紧密协同自身系统的诸要素,发挥其不可或缺的独特功能,还应该紧密协同其他教育系统及相关社会支持系统,形成彼此合作、优势互补的关系。学生服务和管理部门的教师,要充分利用工作的每一个环节对大学生进行潜移默化的影响。比如:招生就业处的教师可以协同心理健康教育教师开办职业生涯规划讲座,来缓解大学生的就业压力;有条件的高校可以任聘心理学背景的宿舍管理员,实现把"心理教师"带回"家"

的工作布局；在医疗卫生服务中，校医可以协同心理健康教育中心制订心理健康教育教学计划，开展常见精神障碍的预防和识别教育，增强师生心理健康意识等。高校要贯彻落实"全员育人"的教育方针，充分调动学校全体教职工、各个部门参与心育工作的热情，这样才能增加育人力量，形成育人氛围，达到育人效果。

（三）优化心育途径，加强载体建设

1.优化心理咨询模式，增强育人意识

如果说心育工作的课程教学侧重解决大学生的共性问题，那么心理咨询偏重解决大学生的个别问题。心理咨询在高校心育工作中发挥着不可替代的作用。我国正式的心理咨询工作起源于综合医院的心理门诊，这是长期以来高校心理咨询受到医学模式影响的重要原因之一。新时代的大学生思维活跃、追求个性、价值观呈现多元化倾向，传统的"你病我医"的咨询模式已经不能适应当代大学生的需要，应该在心育与德育结合过程中寻找出路。这就要求咨询师在解决学生具体心理问题的同时，积极关注其思想动态，挖掘学生心理问题背后的思想观念和价值取向，从源头上加以矫正。

大学生如果理想信念不坚定，精神上就会"缺钙"，就会得"软骨病"。心育工作者需对大学生进行精神"补钙"，加强理想信念教育和社会主义核心价值观教育，做出价值评价和引导。世界观和人生观是个体心理和行为的最高调节器，是维护心理健康、防止心理异常的根本条件，理想信念是大学生人生航船的指南针，是面对困难和挫折的"护心服"。心理咨询师作为心理咨询的主导者，要学会用辩证唯物主义和历史唯物主义的立场、观点武装头脑，以马克思主义理论和方法指导实践，不断提升自身的德育素养，对来访大学生进行价值判断和价值干预，在解决大学生具体心理问题的同时，让他们能够正确对待人生道路上的逆境、荣辱得失，从而保持精神上的豁达和乐观。

2.完善心育互联网平台

高校心理育人工作，不仅要深入研究心育网络平台的运作机制，不断开发在线心理讲堂、心理咨询、心理互动模块，还要对心育教师进行网络心理育人技能培训，加强教师对各类媒体平台的了解与运用。针对大学生开设线下媒介素养相关课程，进一步提升大学生获取信息、筛选信息、分析信息、传播信息的能力，也是十分必要的。高校需聘请互联网专业背景的教师负责心育网络平台的搭建，并由专职心育教师负责信息的传播。校园心理健康教育官方微信公众号、官方网站、官方微博要及时更新，充分利用网

络传播的及时性和广泛性开展心理健康教育。心育工作者要严格执行"信息把关人"的任务，传播高质量的符合大学生身心发展需求的心育课程和文章，传播以社会主义核心价值观为代表的当代正能量，掌握意识形态工作的主动权、话语权，控制网络舆论风向，营造风清气正的网络环境。

3.规范开展形式多样的心理育人实践活动

实践是认识的来源，是认识发展的动力，同时也是能力提升的重要途径。现代心理学理论认为，培养人的心理活动离不开客观世界，认识来自主体与客体的互相作用，而行为活动则是认识的桥梁。高校一方面要加强对现有心育活动，如"我爱我"心理健康节的组织监管力度；另一方面要联合政府和企业开展形式多样的社会心理实践活动。比如：派遣大学生到贫困山区支教，让他们在艰苦的支教生活中磨炼自己的意志，激发艰苦奋斗的精神，提高应变能力和心理素质；也可以组织大学生到精神病院做志愿者活动，让他们在和病人接触中，了解精神异常对人身心造成的痛苦和伤害，从而使个体对心理健康的重要意义产生更加深刻的认识。在和医护人员的互动交流中可以学习维护增进精神健康的常识，从而提高他们对自身心理健康的重视程度。实践是认识的来源和基础，只有开展形式多样的社会心理实践活动，让大学生在亲身体验中获得心灵的洗礼，才能激发大学生的主观能动性，自主地去探索心灵的奥秘，改变大学生在心育课堂上被动接受的现状。

（四）综合多学科，加强心育的理论支撑

心育工作需要综合多学科，加强理论支持。这里以综合哲学为例进行分析。

哲学是关于世界观的学问，我国学者在德育和心育的关系问题上众说纷纭，这在很大程度上是因为缺乏深邃哲学思考,对立统一规律为我们辩证地看待二者的关系提供了方法。心理健康教育从某种程度上说，是生活哲学的教育问题，要求心育教师无论是在心理咨询还是课堂授课中，都要以辩证唯物主义哲学的立场、观点和方法为指导，并在重大概念和原理的阐述上，尽可能体现这一哲学。世界观、人生观、价值观出现问题是相当一部分大学生心理健康问题的根源或诱因。当代大学生如果能够用马克思主义哲学的立场、观点、方法武装头脑，灵活运用辩证唯物主义哲学，并使其内化成为一种素养，一种自动起作用的为人处世的立场、观点和方法，大学生就会自觉地一切从实际出发，实事求是，就会用联系的、发展的、全面的观点，而不是孤立的、静止的、片面的观点

来看待生活中和学习上遇到的各种问题。大学生灵活运用矛盾的对立统一规律处理问题时，能自觉对自身存在的一些不合理信念，如"绝对化要求""过分概括化""糟糕至极"进行及时纠正，避免产生不必要的心理危机，从而使自己拥有稳定的情绪和健康的心态。高校心理育人工作应当把辩证唯物主义哲学作为理论基础，不仅可以在心理健康教育的重大理论问题的探讨上拥有哲学依据，而且可以培养教师和大学生的哲学素养，用哲学的智慧帮助大学生处理人际关系、社会适应、情绪调节等一系列问题。

（五）明确心育理念，实现"育心"向"育人"的转化

高校心理健康教育在我国发展以来，尽管相关政策文件和众多理论研究明确规定了心理健康教育的育人使命，但在实际育人工作中却常常发生偏离。由于众多主观条件和客观条件的限制，高校心理健康教育仍然局限于以心理预防和治疗为侧重点，以提高大学生的心理素质为目标的"育心"层面。心理育人，要求心育工作不能仅着眼于心理健康教育的基础层面，即个体心理的健康，而要以培养综合素质全面发展的人为目标，站在为党育人、为国育才的高度，组织和开展心理健康教育，实现由"育心"向"育人"的转化。

在个人层面，心理健康是大学生成长、成才的必要条件，而非充分条件。因此，广大心育工作者要牢固树立培养综合素质全面发展的人的育人理念，不能仅仅停留在对大学生心理素质的提高和心理品质的优化上，要结合大学生成长、成才的其他必要条件，如能力、思想、价值观等诸多因素开展育人工作。在课堂教学或者心理咨询中，心育工作者要注重技能的传授、心理品质的塑造和潜能的开发，用发展性思维代替矫治思维。在社会层面，心理育人以培养国家富强、民族复兴所需的时代新人为目标，肩负着培养社会主义合格建设者和接班人的使命。因此，广大心育工作者首先要研究党和国家的大政方针，认真学习和贯彻落实中央精神，以现阶段国家、社会对时代新人的要求为中心，对此有一个清晰的认识，并以此为育人标准，不断地改进和完善心育工作；其次，要把社会主义核心价值观融入心育的各个环节，把个人喜怒哀乐和国家兴衰有机关联，注重培养学生的家国情怀；最后，要充分认识个体心理和谐与社会和谐的关系，不断挖掘心理育人的社会属性，充分发挥心理育人对构建社会主义和谐社会的价值和意义。

（六）尊重规律，提高心理育人的科学性和实效性

规律是物质运动过程本身所固有的、本质的、必然的联系。规律是客观的、绝对的、不以人意志为转移的，人们不能主观地去创造规律或者改变和消灭规律，在一切实践过程中必须按规律办事，否则就会遭遇挫折。在高校的心理育人工作中，一定要遵循学生身心发展规律、教育教学规律进行教材的编写、课程的设置和活动的安排，在大学生成长的不同阶段，合理安排不同的心育内容，采用不同的心育方法。《学记》里有句名言"杂施而不孙，则坏乱而不修"，强调了循序渐进的重要性。在心育教学中要遵循循序渐进的规律，对于学生心理问题的解决和心理素质的培养，不能拔苗助长。从最基础的心理健康知识的积累，到生活中具体问题的解决，再到对心理调节技术的灵活运用及最终心理素质和思想境界的提高，不是一朝一夕的事情，无论是心育工作者还是大学生都要做好打持久战的准备。如果不注重学生现实问题的解决，一味地强调提升学生的心理素质，就好比纸上谈兵。

心育工作者要尊重学生身心发展的个体差异性，防止"一刀切"的教育模式。大学生来自祖国的不同省份、不同民族，拥有不同的家庭背景和成长经历，身心发展水平参差不齐，遭遇相同的事情可能会产生截然相反的体验和感受。如果心育工作者对他们的个性特点不加区别，采用相同的教育方式，就可能"牛头不对马嘴"，影响育人工作的实际效果。差异性不仅表现在同一群体中的不同个体上，还表现在不同历史时期的不同群体上。比如，20世纪七八十年代的大学生和当代大学生，由于生活的社会环境不同，世界观、人生观和价值观就存在明显差异。心育工作如果简单沿袭传统育人模式，不能结合当代大学生的身心发展规律和个性特点，盲目开展教育和教学活动，则势必不能取得理想效果。

虽然规律是客观的，不以人的意志为转移，但不代表人们在规律面前无能为力。人们可以在实践中不断发挥主观能动性，发现、研究规律并利用规律更好地指导实践。高校心育工作者要在心理健康教育工作实践中，积极探索规律、不断总结经验，针对大学生身心发展的阶段性特点，制定不同的阶段性心育目标。比如：对低年级的大学生侧重环境适应、人际交往、情绪调节方面的教育，对高年级的大学生侧重职业规划、压力疏解、婚恋问题等方面的教育；针对大学生身心发展规律中表现出来的个体差异性，为他们制定不同的具体心育目标，在心理咨询中采用不同的方法和策略；用心感受大学生内心的成长变化规律，用动态发展的眼光看待大学生心理和思想问题，切勿断章取义、乱

贴标签。

总之，高校心理育人工作要尊重教育教学规律和大学生身心发展规律，善于总结和发现规律，学会利用规律指导心理育人实践。只有按规律办事，高校心理育人工作才有科学依据，才能最大限度地发挥育人效果。

（七）发展中国特色，做好本土化研究

高校心理育人的本土化，是指以我国本土社会的历史、政治、经济、文化为依托，借鉴吸收国外心理健康教育方法理念的精华，并对其进行符合中国人思维模式和行为特点的改造，进而将其纳入我国本土的心理健康教育的过程。我国对心理健康教育的研究，根植于中国传统的哲学、医学、教育学思想之中，甚至可以追溯到孔孟时期，只是当时没有"心理健康教育"这一称呼，而且比较碎片化，不成体系。在学科建立之初，为了让我国的心理健康教育在发展中少走弯路，适当地吸纳国外优秀的心理健康教育理念和模式为我所用，是非常必要的。但在吸收和借鉴的过程中，不要失去自身的特色，如果只是简单的"拿来主义"就会忽略民族文化的差异，从而造成严重的"水土不服"现象。在借鉴西方国家心理学相关理论的同时，要看到它所附带的浓厚西方文化色彩和社会特征，使它适应中国社会文化背景和国人身心发展特点，就存在一个改进、消化、吸收、"洋为中用"的本土化过程。

在德育的总体框架下，以立德树人为目标，坚持采用育心和育德相融合的方法开展心理健康教育，是我国高校心理健康教育的本土特色，这和我国传统文化注重德育是分不开的。我国自古以来就有尚德思想，德才兼备是对人才的重要评价标准。我国教育原则第一条就是德育为先，心理健康教育发展之初就是在提高德育工作实效的背景下提出的。事实证明，德育、心育相融合的育人模式，符合我国社会历史发展现状和当代大学生的身心发展特点。我们在借鉴吸收外来心理健康教育理念和模式的过程中，要结合我国高校心理健康教育的实情，顺应我国高校的心理育人模式。比如，我国高校心理咨询中用"价值干预"代替西方心理咨询中的"价值中立"，更加注重思想层面的引导。在心育整个教育教学理念中，相对于西方纯粹的个体性倾向，也会注重社会性倾向。比如，在实际心育工作中，在满足学生心理需求的基础上，教师会有意识地进行社会主义核心价值观教育、理想信念教育，不仅重视大学生的个体心理环境，也非常注重整个社会的精神风貌。

除此之外，要注重挖掘我国传统历史文化中所蕴含的育心思想，从中吸取养分。在对历史文化的研究中，发现国人特殊的心理特点、思维模式、行为习惯，从而开发创新的、具有中国特色的心理健康教育模式和方法。

（八）紧跟时代步伐，在创新中谋发展

党的十八大以来，我国经济社会发展迅速，文化空前繁荣，国际话语权大大提高，社会主要矛盾发生了根本变化，我国社会主义发展进入新时代，表现出新的时代特征。高校的心理育人工作经过多年的艰难历程，取得了长足的发展，大学生从最开始抵触心理健康教育，到如今愿意主动寻求帮助，折射出新时代大学生对高校心理育人工作的认可，以及他们思想、观念上的巨大进步；高校心育工作从以治愈大学生心理疾病为重点，到以促进大学生的全面发展为目标，表明我国高校心理育人紧跟时代步伐，时刻以学生的成长、成才为导向，以培养社会主义建设者和接班人为根本目标，不断地落实素质教育理念，积极地发挥育人功能。社会主义建设进入了新时代，高校心理育人工作面临着新的任务和挑战，高校心理育人要在不断创新中谋发展。

我国心理健康教育工作模式，在很大程度上存在对西方发达国家的借鉴，如心理咨询、团体辅导、心理测量等。在实际工作中也会借鉴传统德育的工作模式，如课堂理论灌输、设立奖罚机制等。这一方面是因为我国心理健康教育学科起步较晚，另一方面是因为我国高校比较重视心育工作的专业化、科学性和实效性研究，创新意识略显不足。莎士比亚曾经说过："推陈出新，是我的无上诀窍。"只要我们拥有创新的思维和不怕困难的勇气，相信我们的心理育人工作也会取得长足的进步。高校心理育人工作应该从多个层次、多个角度出发，坚持与高校实际情况相适应、与发展要求相符合的原则，在原有模式的基础上不断推陈出新。例如，有些高校在借鉴传统的面对面心理咨询模式的基础上，对线上心理咨询伦理规范和制度要求进行研究，尝试开通线上心理咨询服务。这种心理咨询创新模式如果利用得当，不仅可以提高心理咨询的及时性、便捷性，而且可以很好地保护来访学生的隐私。有些高校通过校园微信公众号，开发了"树洞"小程序，给大学生提供了随时随地的情感宣泄渠道，在匿名分享自己情感的同时，也能了解倾听他人成长中的问题、烦恼、困惑，从而更好地审视自己。在心育实践中，不仅要注重大学生个体的发展，还需进一步提升育心的社会性功能。心育工作如果与我们的社会意识形态相脱离，就很容易导致极端个人主义倾向，这与培养道德高尚、政治清明、理想信

念坚定、心理素质过硬的社会主义建设者和接班人的育人目标相脱节。在整个心育过程中要与时俱进，注重教育内容和理念的价值性、道德性、社会性，将个人快乐与社会发展相关联，使个体心灵与社会意识相交流，让大学生在对社会的责任、担当、奉献中，体悟幸福，感受快乐。

高校心理育人只有不断与时俱进，紧跟时代步伐，不断进行理论探索和实践创新，才能更好地发挥育人功能，提高育人质量，满足学生发展和社会进步的需要，为把我国建设成富强、民主、文明、和谐的社会主义现代化强国贡献应有的力量。

第三节　高校心理育人质量提升实践
——以百色学院为例

心理健康教育活动是加强学校心理育人实效的重要途径，有利于大学生将心理健康知识内化于心，外塑于行。大学生在专业心理教师的指导下，参加心理健康教育活动，能够强化对心理健康知识的学习，促进身心健康发展。

一、高校心理育人的实践类型

（一）基于心理辅导的活动

大学生心理辅导活动包括个体咨询和团体咨询。个体咨询主要是对心理有困惑的学生进行一对一辅导，主要有面谈咨询、网络咨询和电话咨询。心理咨询师通过一对一的辅导，帮助心理有困惑的学生进行自我探索，及早干预和矫正负面理念，促使来访学生调试和转变，恢复平衡的心理。团体咨询是在团体情景中开展心理咨询活动，在心理咨询师的带领和指导下共同商讨、分享、感悟、互助，解决团体成员共同的心理问题。团体咨询有利于帮助来访学生通过观察学习怎样认识、改善和接纳自我，调整心理认知。

（二）基于组织层面的活动

从心理健康活动的组织层面来看，可从校级、院级和社团三个层面来划分。在校级活动层面，主要是由学校心理健康教育与咨询中心组织的全校性心理健康教育活动，通过广播、宣传栏、校园网、微信公众号等方式广泛宣传和普及心理知识，引导大学生增强心理健康意识、关注自己的身心健康。在院级活动层面，主要由学院辅导员结合专业特色和班级情况，在本院学生中组织开展心理健康教育的主题活动，如心理健康知识主题讲座、心理健康教育主题板报和相关素质拓展活动等，引导学生提高自我认知，学会自我调节，寻找归属感和集体荣誉感。在社团活动层面，一般由大学生心理健康协会等学生社团组织开展形式多样、各种主题的心理健康教育活动，如心理漫画比赛、心理读书会等。学生在活动中获得学习、锻炼，促进相互交流，也促进对自己的认识和完善，从而得到心灵的感悟和成长。

（三）基于活动主题的分类

大学生的心理活动主题可以分为：一是心理健康知识普及，主要是选择大学生感兴趣的话题进行普及宣传，并通过心理沙龙和心理辅导的形式与参与者进行深入交流和互助；二是户外素质拓展活动，在活动中锻炼学生的意志力和团队合作精神；三是团队研究活动，如组织课题申报和研究；四是公益类活动，如到敬老院为老人提供力所能及的服务。

二、百色学院提升心理育人质量的成功做法

（一）加强课程教育的心理育人

第一，开设心理健康教育课程。心理健康教育课程是预防和干预大学生心理健康问题的主要途径。百色学院依据教育部印发的《高等学校学生心理健康教育指导纲要》开设心理健康教育课程。一方面，面向所有专业开设通识必修课"大学生心理健康教育"：在第一或第二学期开设课程，共计 32 学时；课程教学采用案例教学、体验活动和行为训练等方式，授课教师主要是教育科学学院的专职教师。另一方面，百色学院还依托教育科学学院的力量，开设了心理健康教育系列选修课，如"大学生心理素质拓展训练"

"美育心理学""女性心理学""学习心理学""大学生绘画心理分析""革命精神与积极心理品质默契""幸福心理学"等，还开设了心理健康与咨询的相关课程。

在理论课程教育方面，学校构建了相对完善的心理健康教育课程体系。这些课程侧重理论，对学生开展有关心理健康的学科知识、理论方法和心理规律的教育。此外，学校也非常注重结合辅导员的学生工作和学校心理健康教育与咨询中心的服务工作，来开展心理健康的教育教学，包括开展系列心理健康的实践教育活动。这样的教育教学侧重实践，虽然也包含知识性的专题教育活动，但更多的是指向存在的现实问题，帮助学生解决心理问题和提高学生的心理素质。

第二，加强心理育人师资建设。结合学校实际，百色学院"大学生心理健康教育"等理论课程主要由教育科学学院心理学教研室教师来承担。目前，心理学教研室共有 20 名教师，含兼职教师 8 人。其中，高级职称 6 人，博士 6 人，在读博士 2 人，国家二级心理咨询师 12 人，心理咨询"双师"教师 9 人。担任"大学生心理健康教育"课程的教师，绝大多数都有借助校级或院级心理咨询机构开展心理咨询辅导的工作经历。

学校的辅导员队伍是直接接触学生和做学生工作的一线队伍。辅导员的工作性质和特点，使辅导员更容易发现学生存在的个性的和共性的心理问题，甚至包括一些潜在的问题。正因为这样，辅导员被赋予了协助心理辅导的职责，成为二级学院心理辅导站的心理辅导教师。为了提高辅导员结合学生工作对学生开展心理辅导的技能，学校非常注重对辅导员开展心理健康教育方面的培训。

此外，学校有一批获得心理咨询师资格证书、被学校授予"双师双能型"教师资格的教师。这些教师，一部分分布在教育科学学院，另一部分分布在其他二级学院和职能部门。他们是学校心理健康教育与咨询中心或二级学院心理辅导站主体教师。学校充分发挥心理咨询"双师双能型"教师合力育人的作用。学校对聘用的心理咨询"双师双能型"教师每年在校级或二级学院心理辅导机构值班工作、指导学生参加心理健康教育类比赛、开展心理健康知识讲座、参与新生心理健康普查、组织开展学生心理健康素质拓展活动等方面，都提出了一定量的任务要求。

第三，完善心理育人教学评价体系。学校高度重视大学生的心理健康教育，学校领导经常深入"大学生心理健康教育"课堂进行教学指导。每学期，学校教学督导组定期对大学生心理健康教育系列课程进行检查、监督和指导。在二级学院层面，教育科学学院根据本学院的巡课制度，每学期安排学院领导与其他教学管理人员定期对每位教师的课堂教学进行巡课。在教研室层面，心理学教研室内部每学期至少安排 2 名同行到每位

"大学生心理健康教育"任课教师的课堂听课并进行评课。另外，教育科学学院负责"大学生心理健康教育"等课程的教学大纲修订、教学计划制订、教材选用、课程考核材料审核、课程考核实施与课程考核材料归档等工作。

学校每学期都会通过网络调查和访谈等方式进行学生评教和教师评学。学生通过网络问卷的方式，从 6 个一级指标（教学的态度、内容、方法、效果、特色、评价）、12 个二级指标对"大学生心理健康教育"任课教师进行评教。根据系统反馈，课程教学效果良好，得到了学生认可。例如，从 2018—2019 学年第二学期和 2019—2020 学年第一学期学生对教师教学评价结果可知，所有"大学生心理健康教育"任课教师的得分都在 83 分以上。其中，2018—2019 学年第二学期优秀率达 22%，2019—2020 学年第一学期优秀率达 63.6%。

（二）强化专题辅导的心理育人

2018 年 7 月 4 日，教育部印发《高等学校学生心理健康教育指导纲要》，要求"开展宣传活动"，"加强宣传普及，通过举办心理健康教育月、'5·25'大学生心理健康节等形式多样的主题教育活动，组织开展各种有益于大学生身心健康的文体娱乐活动和心理素质拓展活动，不断增强心理健康教育吸引力和感染力"。

第一，开展心理育人专题讲座。为全面普及心理健康知识，帮助大学生处理好学习、生活、交友、恋爱、择业等方面遇到的具体问题，百色学院每年 3～5 月组织开展心理健康系列讲座。学校心理健康教育与咨询中心向全校征集学生的心理困惑和急需了解的心理问题。经过一个月的收集、整理、汇编和讨论，最终确定了需要重点解决的 15 个心理问题，然后规划举办相应的专题讲座。由心理健康教育与咨询中心组织校内有经验的专家教师或邀请校外专家开展系列专题讲座。举办这样的系列讲座，有助于在全校营造重视心理健康的氛围，加强对大学生的心理健康教育，更能有针对性地解决学生的心理问题，帮助学生提高心理健康素质。

第二，开设心理辅导工作坊。为了确保"大学生心理健康教育"课程的丰富性，结合学生的实际，学校开展专题形式的工作坊，通过讨论学习、自我探索、分享体验等方式，在领导者的引导下，帮助学生寻找资源，调整心理状态，如开展压力管理人际关系协调和恋爱情况了解等活动。

（三）完善心理干预的心理育人

第一，形成"学校—二级学院—班级—宿舍"四级心理防御机制。为完善和推动全校学生心理健康教育工作，创建和谐校园，有效地对学生心理危机进行干预，学校根据教育部、教育厅的相关文件要求，结合自身实际，确定了"学校—二级学院—班级—宿舍"四级心理防御机制。

在校级层面，成立大学生心理危机干预工作领导小组。分管学生工作的校领导任组长，领导小组办公室设在学生工作部（处），负责心理危机干预的协调工作。根据需要，设置了信息组、医疗组、法律组、协调组、安全组、谈判组和鉴定与干预评估小组 7 个领导小组，每学期第一周公布最新专家组成员名单。

在学院层面，成立二级学院心理危机干预工作小组，由分管学生工作的领导任组长，心理健康教育辅导站成员、辅导员及部分班主任为成员，对较严重的心理危机事件，要在第一时间报告，并启动百色学院危机干预预案。

在班级层面，每班设置班级心理委员 1～2 名，心理委员在本学院心理危机干预工作小组的指导下开展工作，在班集体中进行心理健康理念和心理卫生知识宣传，提供朋辈心理辅导服务，及时掌握同学的异常心理信息，并汇报给辅导员和班主任。

在宿舍层面，设置宿舍心理联络员，每个宿舍 1 名，宿舍心理联络员、舍长、党员等学生骨干对心理异常学生密切关注，发现异常情况时，及时汇报给班级心理委员，同时汇报给辅导员和班主任。

第二，定期对学生开展心理筛查和心理健康状态评估。百色学院每年定期对学生进行心理筛查，进行整体心理健康状态评估。心理筛查是百色学院学生心理健康教育工作的重要部分，每年定期对学生进行心理筛查，在一定程度上了解了学生的心理健康状况，并对各类学生进行评估随访和追踪干预。

此外，百色学院还对学生心理健康状况进行主客观排查。

一是主观排查。辅导员、班主任和任课教师深入学生，通过宿舍心理联络员、班级心理委员、学生干部和学生党团干部及时了解学生的心理健康状况；发现学生有明显的心理异常情况要及时向所在二级学院的心理健康教育辅导站负责人汇报，每双周填报"班级学生心理健康工作情况和学生心理健康状况汇报表"和"学生心理危机预警对象库"交学校心理健康教育与咨询中心。一旦学生被确定为危机干预对象，就需对其长期跟踪随访，每两周向心理健康教育与咨询中心备案一次，直至危机解除。

二是客观排查。每年新生入学一个月内，百色学院心理健康教育与咨询中心组织二级学院对全校学生开展心理筛查，进行整体心理健康状态评估。具体如下：依托瑞格手机端平台，采用大学生人格问卷（UPI）和 90 项症状自评量表（SCL-90）开展新生心理普查；依据 UPI 和 SCL-90 的测试结果，划分出四个类型，包括重点关注对象、一级关注对象、二级关注对象和心理健康对象；学校心理健康教育与咨询中心组织召集各二级学院心理健康教育工作负责人开展心理普查追踪访谈工作会，要求各二级学院对重点关注对象和一级关注对象开展逐一访谈并填写心理普查重点排查表；学校心理健康教育与咨询中心根据各二级学院的反馈信息建立相关心理档案和关注对象库；组织学校专兼职心理咨询师对重点关注对象、一级和二级关注对象进行逐一追踪回访，根据不同的心理状况，建立学生心理健康档案。

第三，重视心理健康与危机干预反应机制的评估、演练、训练。百色学院高度重视大学生心理健康与危机干预反应机制的评估、演练、训练工作，具体如下：

一是预防教育。做好大学生心理危机干预工作应立足教育，重在预防。依托教师教学、校园文化建设、学生组织活动等渠道开展丰富多彩的心理健康教育活动，将心理健康教育融入校园文化活动中，努力营造积极、健康、向上的学习生活氛围。针对学生中存在的环境适应、情绪管理、人际交往、恋爱与性、学习方法等问题开展形式多样的心理健康宣传和教育活动。通过开展"5·25"心理健康活动月活动以及大学生心理健康协会组织形式多样的心理健康教育活动，普及心理健康知识，引导大学生树立现代健康观念，提高大学生的心理调适能力。通过各种渠道向全校师生宣传学校心理健康教育与咨询中心联系电话、武装保卫处值班联系电话、卫生所值班电话及心理危机援助社会资源。

二是早期预警。做好学生心理危机早期预警工作，建立健全并落实突发心理危机信息收集、报送、处理等各环节运行机制，完善信息传输渠道。通过开展心理普查，了解学生的心理健康状况，建立学生心理健康档案，筛选心理危机高危对象，建立高危学生群体信息库，开展干预和疏导工作。

三是危机评估。学校心理健康教育与咨询中心在接到各学院报告后，须对心理危机进行判别和评估，并按程序规定决定是否上报学校心理健康教育领导小组，必要时，应邀请专家对学生心理案例进行会诊，或建议转诊/转介至市（区）精神卫生中心或综合医院的心理科。对危机干预对象，学校心理健康教育与咨询中心、二级学院心理辅导站及辅导员须建立心理危机预警数据库，实行动态关注和定期评估。

四是对重点对象采取干预措施。重点干预对象有：有严重心理障碍或心理疾病的学生、有自杀倾向的学生、实施自杀行为的学生、有伤害他人意念或行为的学生。具体措施包括：建立支持系统，全体教师对有心理困难的学生要提供及时周到的帮助，真心诚意地帮他们渡过难关；建立治疗系统，对有心理危机的学生进行及时的治疗，对症状表现严重、危机程度高者，必须立即将其送专业机构治疗；建立阻控系统，对于学校可调控的引发学生心理危机的人、事或情景等，各学院要协调有关部门及时阻断，消除对危机个体持续的不良刺激；建立监护系统，及时了解和关注各类症状的心理危机学生的心理健康状况，对这些学生进行安全监护，必要时通知父母陪读；建立救助系统，当重大危机事件发生后，相关部门要在学生心理危机干预工作领导小组的统一指挥下，各司其职，协调应对。

第四，加强心理热线的服务工作。新冠肺炎疫情发生以来，为有效应对疫情，满足学生的心理需求，学校心理健康教育与咨询中心开通阳光心理热线，方便学生心理求助，接待时间是周一至周五早上9：00—12：00，下午3：00—6：00，并转发全国全区的心理辅导24小时热线，方便学生及时求助。疫情期间，学校心理健康教育与咨询中心和二级学院辅导站安排持证（心理咨询师证书）教师开展线上和线下相结合的心理咨询服务。

在新冠肺炎疫情期间，为有效应对疫情，满足学生的心理求助需求，学校心理健康教育与咨询中心于2020年春季学期试行网络心理咨询服务，主要开展形式包括线上QQ咨询、电话咨询等。百色学院心理咨询服务全部实行预约制，心理咨询预约分现场预约和电话预约。现场或电话预约时，会根据求助者的空闲时间段安排具体的咨询师、咨询时间和咨询形式（电话或线上QQ）。线上咨询采取实名信息注册，并介绍心理咨询服务的性质、时长、保密例外原则等。系统可根据心理咨询师的资料为学生自动筛选出合适的心理咨询师，同时提供心理咨询师的教育背景、资格认证、从业经历、专攻领域等方面的信息供学生选择。咨询师根据来访学生主诉的问题及时识别其心理波动和异常，对来访学生进行有针对性的心理咨询辅导，及时了解学生的心理困惑或烦恼，避免问题变复杂或恶化。开展咨询时通过线上QQ形式的可采取文字描述、语音描述、QQ语音电话等途径，结束后咨询师填写心理咨询记录表归档，并执行把问题已解决的学生清除QQ好友等咨询流程。

（四）拓展活动调节的心理育人

第一，开展大学生素质拓展活动。素质拓展训练活动，可以开发人的潜能、促进人的全面发展，在提升大学生思想道德素质、心理素质，增强抗压能力、人际交往能力、组织沟通能力方面，有重要作用。

开展拓展训练是把传统教学模式和现代体验教学结合起来，让学生在寓教于乐中体验、学习和成长。学校开展了内容丰富、形式多样的大学生素质拓展系列活动。学校围绕"为生命添彩"主题开展系列素质拓展活动，培养学生克服困难、挫折的积极心态，培养学生善良、宽容、感恩之心，引导学生体悟和展示生命的乐趣和魅力，欣赏生命的美好，实现生命的价值，收获成长的幸福；利用红色资源开展素质拓展活动，在红色文化教育过程中，引导学生传承艰苦朴素、百折不挠、团结奋斗等革命精神与优良传统。

第二，开展心理健康趣味活动。设计和开展系列心理健康趣味活动，让学生在游戏中发挥不抛弃、不放弃的精神，互相鼓励支持肩并肩迈向终点，锻炼学生在挫折中不气馁、不放弃的顽强意志。系列心理健康趣味活动活跃了校园的文化气氛，丰富了学生的文化生活，也提高了学生的心理素质。

第三，开展心理情景剧展演。校园心理剧是一种寓教于乐的心理健康教育和心理治疗的情景方式，它是指通过学生扮演当事人或当事人自己借助舞台来呈现他们各种典型的心理问题，在心理辅导老师和全体参演人员及观众的帮助下学会如何应对与正确处理心理问题，从而让全体学生受到启发教育的一种团体心理治疗方法。

截至 2020 年，百色学院已经成功举办十届心理情景剧展演活动。由于校园心理情景剧寓教于乐、来源于生活、贴近学生，特别是以生动的形式把学生在学习生活及人际交往等方面遇到的一些心理困惑和问题展现出来，引起了学生共鸣，很受学生欢迎。

2020 年，学校心理健康教育与咨询中心围绕"'疫'路同心·关爱生命"的主题，组织开展校园心理情景剧原创剧本创作比赛，鼓励学生积极参与创作，引导学生主动关注心理问题，增强学生应对、解决学习和生活中遇到问题的能力，提升心理情景剧在学生心理健康服务工作中的水平。

第四，开展"5·25"系列活动。多年来，学校积极开展大学生"5·25"心理健康教育活动月活动，参加全区心理健康教育活动比赛，取得较好的成果。百色学院选送的多项作品获自治区教育厅表彰，如 2 个作品获微电影原创大赛剧本类二等奖，4 个作品获微电影原创大赛二、三等奖，6 人被评为优秀指导老师，6 篇文章获心理征文二、三等奖，10多件作品获"阳光风采照"二、三等奖，5件作品获心理趣味运动会"抖音短视频"二、三等奖，5件作品荣获电子板报二、三等奖，8件作品荣获"温暖瞬间"摄影作品三等奖，学校2次获得优秀组织奖。

（五）建设红城心理素质拓展示范基地

第一，红城心理素质拓展示范基地的建设情况。百色学院红城心理素质拓展示范基地，是广西高校思想政治教育推进工程创优项目。自2016年3月项目立项以来，总投资20万元。目前，基地室外2 000平方米，已建成高杠项目（空中抓杠、室中断桥、高空悬梯）和信任背摔等拓展项目的活动设施；室内已建成音乐治疗室、生物反馈仪器和团体辅导场地等设施。设备齐全的红城心理素质拓展示范基地已经投入使用。

学校利用基地开展系列心理素质拓展活动项目。如空中断桥、空中抓杠是个人高空挑战项目，在一般情况下，刚开始时大家有恐高心理，但在相互鼓励下，大家不断突破心理极限，勇敢尝试，陆续完成了空中飞跃。又如巨人梯挑战项目，挑战者两人一组相互配合逐层攀登，配合的两人一人手推、肩扛、头顶，另一人则踩腿、踩背、踩肩，优势互补，充分发挥"1+1＞2"的作用。要成功爬上悬梯顶端，不仅要有强硬的心理素质，还要有一个绝不放弃的队友。再如高空跳步项目，在距离地面20米高的地方从一个跳板跳到另一个跳板，虽然距离很近，也有安全措施，但要完成高空跳步，往往需要冷静、果敢与坚毅，这时教练和队友的鼓励和支持就很重要。

随着红城心理素质拓展示范基地的建设和不断完善，它将成为提高学生心理健康意识和健康品质，促进其自我成长、自我完善的心理素质拓展示范基地。

第二，打造红城心理素质拓展示范基地的特色与创新点。基地的特色和创新点，是将地方特色优势的红色文化资源融入基地建设及其开展的很多活动项目中，如"沿着小平足迹""重走红军路"等，把加强学生信念教育和培养良好心理素质结合起来，突出体验式教育，让学生在活动中、游戏中感受过程，调整心态，重温历史，领悟人生，完善人格。基地拓展项目丰富多样，活动特色鲜明，面向全校师生并向校外开放，活动参与面广，素质拓展受益面宽，实验教育教学效果显著。

第三，利用基地提升心理育人活动效果。2016年以来，百色学院积极推进红城心理素质拓展示范基地各项建设，对学生开展增强体质健康、提高综合素质的户外拓展训练，增强学生的自我管理能力、团队精神和责任意识。

学校利用基地组织辅导员和学生开展"挑战自我"的素质拓展训练活动。学校利用基地通过开展辅导员"挑战自我"素质拓展训练活动，如空中断桥、空中抓杠、巨人梯、信任背摔等项目活动，培养学生工作队伍全体人员超越自我的精神和应对挑战的勇气，提高自己的心理素质；同时促进新老辅导员的交流，增强团队意识、协作能力、沟通能力、表达能力，并拓展开展学生工作的思路。学校利用基地通过开展"挑战自我"素质拓展训练活动，同样增强了学生应对挑战的勇气，使学生突破了心理极限，提高了心理素质，增强了团队精神，提升了综合素质。先行接受"挑战自我"拓展训练的辅导员，对于后续参加"挑战自我"拓展训练的学生，会发挥很有针对性的指导作用。

学校利用素质拓展基地开展教育教学活动。目前，基地在开展大学生户外拓展活动、进行课程教学方面的使用率较高。百色学院体育学院利用基地开设了户外拓展训练课程，并在课程内容模块设置了"体验式培训师"的内容，其中包括高空项目、中低空项目、水上项目。百色学院教育科学学院和大学生心理研究中心，也在基地开展有关心理健康教育素质拓展的教育教学和培训活动。2019 年，学校使用红城心理素质拓展示范基地开展教育教学和培训共 70 次，共有 1 000 人次师生参加。

经过实践探索，百色学院结合自身实际逐步构建了加强大学生心理健康教育的模式和体系，并取得了良好的效果。

参 考 文 献

[1] 白荣耀，陈艺华，孙洁.高校心理育人现状调查与质量提升研究：以泉州市部分高校为例[J].泉州师范学院学报，2021，39（4）：65-69.

[2] 白荣耀.高校资助和心理协同育人质量提升研究：以家庭经济困难学生为例[J].泉州师范学院学报，2022，40（1）：95-98.

[3] 陈盼盼.新时代高职高专心理育人质量提升路径研究[D].马鞍山：安徽工业大学，2021.

[4] 陈小艺.后疫情时代高校提升心理育人质量路径探析[J].高校后勤研究，2022（5）：76-78.

[5] 丁闽江.新时代高校心理育人质量提升的五个维度[J].锦州医科大学学报（社会科学版），2022，20（2）：78-82.

[6] 李俊茹，马立志，陈会然."三全育人"视域下高校高质量心理服务体系创新实践探索[J].保定学院学报，2022，35（6）：98-103，132.

[7] 李杨.高校心理育人质量提升体系中预防干预机制的构建探究[J].大学教育，2019（12）：127-129.

[8] 梁宁.新媒体环境下高职院校提升心理育人质量的路径研究[J].中国多媒体与网络教学学报（中旬刊），2021（9）：123-125.

[9] 刘芳，刘牧野，胡伟.心理育人提升民办高校毕业生就业质量的路径研究[J].教育现代化，2019，6（97）：174-175.

[10] 刘芳.构建心理育人"四位一体"管理体系推进高校思想政治工作质量提升：以洛阳理工学院二级心理辅导站为例[J].长江丛刊，2019（17）：176-177.

[11] 刘月.心理育人提升高校思政教育质量的路径分析：评《让心灵洒满阳光：高校心理育人理论与实践》[J].中国学校卫生，2022，43（12）：19-27.

[12] 马兰，崔旭梅，左承阳.高校二级学院"四全育人"体系构建与"立德树人"质量水平的提升[J].学园，2017（11）：116-117.

[13] 钱圆圆，金艾裙.微媒体时代提升高校"微心理"育人质量的路径研究[J].菏泽学

院学报，2022，44（3）：76-80.

[14] 丘文福.高校心理育人工作质量提升的困境与路径：基于对民间 NGO 的吸引力要素分析[J].长江工程职业技术学院学报，2020，37（1）：38-41.

[15] 孙英之.层次需求理论框架下高校资助育人质量提升体系构建[J].产业创新研究，2021（5）：103-105.

[16] 王缓缓.新时代高校提升心理育人质量研究[D].杭州：浙江工商大学，2020.

[17] 夏贵霞，舒宗礼.课程思政视角下高校体育课程育人质量提升体系的构建：以华中师范大学为例[J].体育学刊，2020，27（4）：7-13.

[18] 杨吉措.新时代高校心理育人一体化建设研究[D].兰州：兰州大学，2022.

[19] 于淼，洪林.地方高校心理育人的困境与突破：基于突发公共卫生事件的视角[J].盐城工学院学报（社会科学版），2021，34（2）：95-98.

[20] 张惠丽.基于市场需求导向的大学生心理育人质量研究[J].质量与市场，2021（8）：75-77.

[21] 张悦，王昊禾，申思达.新时代高校网络育人质量提升体系探索及构建：以"悦己兮"网络思政育人工作室为例[J].河南牧业经济学院学报，2022，35（2）：6-10.